改訂版

聞いて覚えるスペイン語単語帳

キクタン

スペイン語

【入門編】

基本500語レベル

アルク

はじめに
「キクタンスペイン語」とは

ベストセラー「キクタン」を、スペイン語学習に応用！

単語を聞いて覚える“「聞く」単語集”、すなわち「キクタン」。

「キクタン」シリーズはアルクの英単語学習教材からスタートしました。リズミカルな音楽に乗りながら楽しく語彙を学ぶ「チャンツ」という学習法を採用し、受験生からTOEICのスコアアップを狙う社会人まで、幅広いユーザーの支持を受けています。

この「キクタン」形式をベースとして、スペイン語の日常会話でよく使われる、使用頻度の高い語彙を選んで収録したのが「キクタンスペイン語」のシリーズです。

日常のコミュニケーションで使われる、使用頻度の高い語彙を精選！

本書は、日常のスペイン語でのコミュニケーションで、最も頻繁に使われる基本語彙を厳選して収録しています。スペイン語を習い始めたばかりの人でも、自分のことを紹介したり、質問をしたり、無理なくスペイン語でコミュニケーションを図る上で役に立つ496語を学べます。

スペイン語の語彙増強を図りたい人や、スペイン語圏への旅行や留学を計画している人にも、お勧めの一冊です。

本書は『キクタンスペイン語【入門編】』（初版：2011年12月29日）をもとに、時代に合わせた例文の見直しなどを行い、音声をダウンロード提供とした改訂版となります。

だから「ゼッタイに覚えられる」！
本書の４大特長

1
目と耳をフル活用して覚える！

だから、
スペイン語をリズムに乗って
覚えられる！

リズミカルな音楽に乗って楽しく語彙の学習ができる「チャンツ音声」を用意。単語を耳で聞いて意味が分かるようになるだけでなく、思わず単語が口をついて出るほどしっかり身につく単語帳を目指しました。

2
名詞や動詞はセットで覚える！

だから、
名詞の性や動詞の活用もらくらく
スムーズに覚えられる！

本書では冠詞と名詞をセットにして聞くので、名詞の性も自然に覚えられます。また、動詞は１人称単数・２人称単数・３人称単数の活用を音声収録しているので、より実践的な力がつきます。

3
1日8語、約9週間のカリキュラム学習!

だから、
ムリなくマスターできる！

「ゼッタイに覚える」ことを前提に、１日の学習語彙量を８語に抑えています。約９週間、計62日の「カリキュラム学習」ですので、ペースをつかみながら、効率的・効果的に語彙を身につけていくことができます。

4
496の語彙を厳選!

だから、
すぐに使える！

スペイン語学習の入門段階で最も基本的な語彙をしっかり学習できます。学校や職場でスペイン語が必要な人にはもちろんのこと、旅行先でスペイン語を使って現地の人と直接コミュニケーションをとってみたい人にもピッタリの学習書です。

本書と音声の活用法

意味を覚えるだけでは終わらせない。
発音や活用もしっかりマスター！

❖ 見出し語
見開きの左ページには学習語彙を掲載しています。

❖ 動詞の活用→動詞
音声は、「動詞の原形（不定詞）」→「日本語」→「1人称単数形」→「2人称単数形」→「3人称単数形」の順で収録されています。また、見出し語の下にある番号は付録①「動詞の活用表」(40～46ページ) の活用パターンを示しています。

❖ 名詞
音声は、「名詞」→「日本語」→「定冠詞＋名詞」→「不定冠詞＋名詞」の順で収録されています。また、各見出し語の下には名詞の性を *M*（男性名詞）、*F*（女性名詞）で示しています。

❖ 形容詞
音声は、「形容詞」→「日本語」→「形容詞」の順で収録されています。なお、男性形と女性形が別の形の場合は、「形容詞（男性形）」→「日本語」→「男性形」→「女性形」の順で収録されています。

❖ 副詞
音声は、「副詞」→「日本語」→「副詞」の順で収録されています。

❖ その他
音声は、「単語（男性形と女性形が別の形の場合は、男性形→女性形の順）」→「日本語」→「例文」の順で収録されています。

週数　見出し語番号　音声ファイル番号

第1週

CHECK-1 ▶ CHECK-2 ◀ 01 ▶

動詞　名詞　形容詞　副詞　前置詞など

□ 001	desayunar ①	朝食をとる
□ 002	comer ②	（昼ごはんを）食べる
□ 003	cenar ①	夕食をとる
□ 004	invitar ①	招待する
□ 005	preparar ①	準備する
□ 006	beber ②	飲む
□ 007	calentar ⑲	温める
□ 008	cortar ①	切る

Quick Review 【P. 38】

□ ayudar　□ contestar　□ estudiar　□ preguntar
□ leer　□ gustar　□ jugar　□ tocar

8

【注意すべき点】

諺：ことわざ　✎：慣用表現、文法など

名詞　*M*：男性名詞　*F*：女性名詞　**形容詞**　女性形は語尾のみ表示

動詞　動詞の下の番号は「動詞の活用表」(40～46ページ) の活用パターンの番号です。

例文　日常的によく使われる表現や、名言・格言などを取り上げました。文中の見出し語は赤字で示してあります。

１日の学習量は２ページ、８語です。
ダウンロード音声には、聞いているだけで楽しくなる「チャンツ音楽」のリズムに合わせて、♪ **"desayunar"** → 朝食をとる → **"desayuno" "desayunas" "desayuna"** ♪というふうに、「スペイン語→日本語→スペイン語」の順に収録されています。

日数

１日目

CHECK-3

Me gusta desayunar chocolate con churros.
私はホットチョコレートとチュロスの朝食が好きだ。

En España normalmente comen a eso de las dos.
スペインでは普通２時ごろに昼食をとる。

Es mejor acostarse sin cenar que levantarse con deudas. (Benjamin Franklin)
借金を抱えて目覚めるより、夕食を食べずに寝るほうがましだ。（ベンジャミン・フランクリン）

Te invito al cine.
君を映画に招待するよ。

Vamos a preparar la cena.
夕食の準備をしよう。　vamos a ＋不定詞（動詞の原形）＝…しよう

Para beber, ¿qué desea?
お飲み物は何になさいますか？

¿Quiere que lo caliente?
それを温めましょうか？

Hay que cortar las verduras en juliana.
野菜は千切りにしなければならない。　cortar en juliana ＝ 千切りにする

□ 手伝う	□ 答える	□ 勉強する	□ 尋ねる
□ 読む	□ …が好きである	□ 遊ぶ、(球技を) する	□ 触る

9

Quick Review
前日に学習した語彙のチェックリストです。左ページにスペイン語、右ページに日本語を掲載してあります。（ページ数の書いてあるものは、そのページを参照）

CHECK-1
該当の音声ファイルを呼び出し、見出し語とその意味をチェック！

CHECK-2
音声に合わせて発音練習！
自然なスペイン語の発音を身につけるため、カタカナ表記はしてありません。耳と口をフル活用して練習してください。

CHECK-3
見出し語を含む例文・フレーズをチェック！
実践的な例文に触れることで、単語の使い方や理解度が高まります。

付属チェックシート
本書の赤字部分は、チェックシートで隠せるようになっています。
日本語の意味が身についているか確認しましょう。

目次

音声ダウンロードについて

【パソコンをご利用の場合】
「アルク ダウンロードセンター」をご利用ください。

https: //portal-dlc.alc.co.jp/

商品コード（7024063）で検索し、［ダウンロード］ボタンをクリックして、音声ファイルをダウンロードしてください。

【スマートフォンをご利用の場合】
英語学習アプリ「booco」（無料）をご利用ください。本アプリのインストール方法は、カバー袖でご案内しています。商品コード（7024063）で検索して、音声ファイルをダウンロードしてください。（iOS、Android の両方に対応）

動詞

動詞の語尾に（　　）と書かれているのは、再帰動詞がある単語です。なお、音声は再帰動詞の形で収録されています。

CHECK-1 ► CHECK-2 01

□ 001	desayunar	朝食をとる
	1	
□ 002	comer	（昼ごはんを）食べる
	2	
□ 003	cenar	夕食をとる
	1	
□ 004	invitar	招待する
	1	
□ 005	preparar	準備する
	1	
□ 006	beber	飲む
	2	
□ 007	calentar	温める
	19	
□ 008	cortar	切る
	1	

Quick Review

□ ayudar □ contestar □ estudiar □ preguntar
□ leer □ gustar □ jugar □ tocar

【P. 38】

CHECK-3

Me gusta desayunar chocolate con churros.

私はホットチョコレートとチュロスの朝食が好きだ。

En España normalmente comen a eso de las dos.

スペインでは普通2時ごろに昼食をとる。

Es mejor acostarse sin cenar que levantarse con deudas. (Benjamin Franklin)

借金を抱えて目覚めるより、夕食を食べずに寝るほうがましだ。
(ベンジャミン・フランクリン)

Te invito al cine.

君を映画に招待するよ。

Vamos a preparar la cena.

夕食の準備をしよう。

vamos a ＋不定詞（動詞の原形）＝ …しよう

Para beber, ¿qué desea?

お飲み物は何になさいますか？

¿Quiere que lo caliente?

それを温めましょうか？

Hay que cortar las verduras en juliana.

野菜は千切りにしなければならない。

cortar en juliana ＝ 千切りにする

Quick Review

- □ 手伝う
- □ 読む
- □ 答える
- □ …が好きである
- □ 勉強する
- □ 遊ぶ、（球技を）する
- □ 尋ねる
- □ 触る

CHECK-1 ▶ CHECK-2 ◀ 02 ▶

□ 009
dormir　眠る
28

□ 010
morir　死ぬ
29

□ 011
nacer　生まれる
34

□ 012
despertar(se)　目覚めさせる（目覚める）
22

□ 013
acostar(se)　横にする（横になる、寝床につく）
21

□ 014
amar　愛する
1

□ 015
descansar　休む
1

□ 016
creer　信じる
2

Quick Review

□ desayunar　□ comer　□ cenar　□ invitar
□ preparar　□ beber　□ calentar　□ cortar

CHECK-3

Anoche dormí como un tronco.

昨夜はぐっすり眠った。

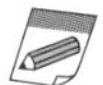
dormir como un tronco ＝ ぐっすり眠る

Mala hierba nunca muere.

雑草は決して死なない。（憎まれっ子、世にはばかる。）

Yo nací en Osaka.

私は大阪で生まれた。

Mi abuelo se despierta a las cinco.

祖父は 5 時に目を覚ます。

Generalmente me acuesto a las once.

私は、普段 11 時に就寝する。

Los padres aman a sus hijos.

両親は子どもたちを愛している。

Que descanse en paz.

［故人に］安らかにお眠りください。

Creo que sí.

そうだと思います。

Quick Review

- ☐ 朝食をとる
- ☐ （昼ごはんを）食べる
- ☐ 夕食をとる
- ☐ 招待する
- ☐ 準備する
- ☐ 飲む
- ☐ 温める
- ☐ 切る

Check-1 ▶ Check-2 ◀ 03 ▶

□ 017
cerrar 閉じる、閉まる
19

□ 018
abrir 開ける、開く
3

□ 019
sacar 取り出す
1

□ 020
mover 動かす
27

□ 021
haber ある、いる、存在する
(助動詞としても用いられる)
7

□ 022
hacer する、作る
11

□ 023
tener 持つ
12

□ 024
poner 置く
13

Quick Review

□ dormir □ morir □ nacer □ despertar(se)
□ acostar(se) □ amar □ descansar □ creer

CHECK-3

Cierra los ojos.

目を閉じて。

¿Abro la ventana?

窓を開けましょうか？

Tengo que sacar dinero del cajero automático.

私は ATM でお金を引き出さなければならない。

tener que ＋不定詞＝…しなければならない

Agua pasada no mueve molinos.

諺 過ぎ去った水は水車を動かさない。（覆水盆に返らず。）

¿Hay bañera en la habitación del hotel?

ホテルの部屋に浴槽はありますか？

Una golondrina no hace verano.

諺 1 羽のツバメでは夏にはならない。
（一つの事例だけで一般化するべきではない。）

¿Tiene tiempo?

お時間ありますか？

El padre pone la mano en el hombro de su hijo.

父は子どもの肩に手を置く。

Quick Review

- [ ] 眠る
- [ ] 死ぬ
- [ ] 生まれる
- [ ] 目覚めさせる（目覚める）
- [ ] 横にする（横になる）
- [ ] 愛する
- [ ] 休む
- [ ] 信じる

CHECK-1 ► CHECK-2 04

□ 025
enseñar 教える、見せる
1

□ 026
escuchar 聞く
1

□ 027
hablar 話す
1

□ 028
aprender 学ぶ
2

□ 029
comprender 分かる
2

□ 030
escribir 書く
3

□ 031
decir 言う
16

□ 032
oír 聞こえる
18

Quick Review

□ cerrar □ abrir □ sacar □ mover
□ haber □ hacer □ tener □ poner

CHECK-3

Le enseño mi casa.

私の家をお見せしましょう。

Escucha bien lo que te voy a decir.

私がこれから言うことをよく聞いて。

¿Hablas español?

（君は）スペイン語を話せる？

Ella aprendió la receta de su madre.

彼女は母親のレシピを学んだ。

Hay muchas cosas que no comprendo bien.

（私は）よく分からないことがたくさんある。

El periodista escribió un artículo sobre el Terremoto y Tsunami del Este de Japón.

新聞記者は東日本大震災について記事を書いた。

¿Cómo se dice "hello" en español?

スペイン語で「ハロー」はなんと言いますか？

No le oigo bien.

あなたの声がよく聞こえません。

Quick Review

□ 閉じる、閉まる	□ 開ける、開く	□ 取り出す	□ 動かす
□ ある、いる、存在する	□ する、作る	□ 持つ	□ 置く

CHECK-1 ► CHECK-2 ◄ 05 ►

□ 033
pasar
（時が）過ぎる、通る
1

□ 034
pasear
散歩する
1

□ 035
viajar
旅行する
1

□ 036
visitar
訪問する、訪れる
1

□ 037
ir
行く
8

□ 038
andar
歩く
1

□ 039
venir
来る
10

□ 040
salir
出る、出かける
14

Quick Review

□ enseñar	□ escuchar	□ hablar	□ aprender
□ comprender	□ escribir	□ decir	□ oír

CHECK-3

¡Cómo pasa el tiempo!

なんて時間が過ぎるのが速いんだ！

Vamos a pasear por el parque.

公園を散歩しよう。

Viajar es aprender.

旅をすることは学ぶことである。

Muchos turistas japoneses visitan España.

多くの日本人観光客がスペインを訪れる。

Esta tarde voy de compras.

ir de compras = ショッピングに行く

今日の午後、（私は）ショッピングに行きます。

Vamos andando.

歩いていきましょう。

Después de lo malo, viene lo bueno.

諺 悪いことの後には、良いことがやってくる。

¿A qué hora sale tu avión?

君の飛行機は何時に出ますか？

Quick Review

- [ ] 教える、見せる
- [ ] 聞く
- [ ] 話す
- [ ] 学ぶ
- [ ] 分かる
- [ ] 書く
- [ ] 言う
- [ ] 聞こえる

CHECK-1 ► CHECK-2 ◄ 06 ►

□ 041
vivir 暮らす、住む
3

□ 042
ser …である
4

□ 043
estar …である、…がある
5

□ 044
sentir(se) 感じる（自分が…だと感じる）
32

□ 045
reír(se) 笑う（笑う）
30

□ 046
cantar 歌う
1

□ 047
besar キスする
1

□ 048
querer 欲する、愛する
24

Quick Review

□ pasar □ pasear □ viajar □ visitar
□ ir □ andar □ venir □ salir

Check-3

¿Vivir para trabajar o trabajar para vivir?

働くために生きるのか、生きるために働くのか？

¿Qué quieres ser cuando seas mayor?

大きくなったら何になりたい？

¿Cómo está Ud.?

お元気ですか？

Ud. については 150 ページ参照

¿Te sientes mal?

（君は）気分が悪いの？

¡No te rías!

笑わないで！

Este niño va a cantar el himno en la ceremonia de inauguración.

この男の子は開会式で国歌を歌う。

ir a ＋不定詞で近い未来の行為を表す

Un mundo nace cuando dos se besan. (Octavio Paz)

二人がキスをすると、一つの世界が生まれる。（オクタビオ・パス）

Quiero ver una película.

私は映画が見たい。

querer ＋不定詞 ＝ …したい

Quick Review

- [ ] （時が）過ぎる、通る
- [ ] 散歩する
- [ ] 旅行する
- [ ] 訪問する、訪れる
- [ ] 行く
- [ ] 歩く
- [ ] 来る
- [ ] 出る、出かける

CHECK-1 ► CHECK-2 ◄ 07 ►

□ 049
saber
33
知っている
saber は情報や知識として「知っている」、conocer は経験や体験を通して「知っている」という意味で用いられる。例えば、「電話番号を知っている」なら saber を使い、「(A さんに会ったことがあって) A さんを知っている」なら conocer を使う

□ 050
conocer
34
知っている

□ 051
explicar
1
説明する

□ 052
ver
36
見る、見える、(人に) 会う

□ 053
parecer
34
…ように見える

□ 054
pensar
19
考える

□ 055
recordar
21
覚えている

□ 056
entender
23
理解する

Quick Review

□ vivir　□ ser　□ estar　□ sentir(se)
□ reír(se)　□ cantar　□ besar　□ querer

CHECK-3

¿Sabe Ud. que hoy es día festivo?

今日は祝日だということをご存知ですか？

Más vale malo conocido que bueno por conocer.

諺 知らない善より知っている悪のほうがましだ。

Esta profesora explica muy bien la gramática.

この先生は文法をとてもうまく説明する。

No veo la televisión.

私はテレビを見ない。

Me parece bien.

いいと思います。

Hay que pensar antes de actuar.

行動する前に考えなければならない。

Recuerdo el día en que nos conocimos.

私たちが知り合った日のことを覚えています。

No te entiendo.

君のことが分からない。

Quick Review

- ☐ 暮らす、住む
- ☐ …である
- ☐ …である、…がある
- ☐ 感じる（自分が…だと感じる）
- ☐ 笑う（笑う）
- ☐ 歌う
- ☐ キスする
- ☐ 欲する、愛する

CHECK-1 ▶ CHECK-2 ◀ 08 ▶

□ 057
contar 数える、語る
21

□ 058
costar 値段が…である
21

□ 059
pedir 頼む、求める
31

□ 060
pagar 支払う
1

□ 061
ofrecer 提供する
34

□ 062
olvidar 忘れる
1

□ 063
comprar 買う
1

□ 064
robar 盗む
1

Quick Review

□ saber	□ conocer	□ explicar	□ ver
□ parecer	□ pensar	□ recordar	□ entender

CHECK-3

¿Sabes contar del uno al diez en español?

スペイン語で1から10まで数えられますか？

¿Cuánto cuesta una entrada de cine?

映画の入場券はいくらですか？

Quisiera pedirle a Ud. un favor.

お願いしたいことがあるのですが。

Permítame pagar la cuenta.

お勘定を（私に）払わせてください。

Te ofrezco mi amistad.

君に私の友情をささげます。

No puedo olvidar la pesadilla.

私は悪夢が忘れられない。

Tengo que comprar leche.

牛乳を買わなくちゃ。

Me han robado la cartera.

私は財布を盗まれた。

Quick Review

- [ ] 知っている
- [ ] …ように見える
- [ ] 知っている
- [ ] 考える
- [ ] 説明する
- [ ] 覚えている
- [ ] 見る、見える、(人に) 会う
- [ ] 理解する

CHECK-1 ► CHECK-2 ◄ 09 ►

□ 065
dar
与える
9

□ 066
traer
持ってくる
15

□ 067
enviar
送る
37

□ 068
empujar
押す
1

□ 069
entrar
入る
1

□ 070
bajar
（人が）降りる、
（ものが）下がる
1

□ 071
llegar
到着する
1

□ 072
volver
戻る、もう一度…する
26

Quick Review

□ contar	□ costar	□ pedir	□ pagar
□ ofrecer	□ olvidar	□ comprar	□ robar

CHECK-3

A los niños les gusta dar de comer a los animales.

子どもたちは動物にえさをやるのが好きだ。 dar de comer ＝ えさをやる

Trae buena suerte encontrar un trébol de cuatro hojas.

四つ葉のクローバーを見つけると幸運がもたらされる。

Muchos países enviaron ayuda a las regiones damnificadas.

多くの国が被災地域に支援を送った。

Empuje la puerta, por favor.

ドアを押してください。

Pájaro viejo no entra en jaula.

年をとった鳥は鳥かごに入らない。（経験をつむことにより学ぶ。）

Bajamos en la siguiente estación.

我々は次の駅で降ります。

El tren ha llegado con retraso.

電車が遅延した。

¿Cuándo vuelves?

（君は）いつ戻ってくるの？

Quick Review

- [ ] 数える、語る
- [ ] 値段が…である
- [ ] 頼む、求める
- [ ] 支払う
- [ ] 提供する
- [ ] 忘れる
- [ ] 買う
- [ ] 盗む

動詞
名詞
形容詞
副詞
前置詞など

CHECK-1 ▶ CHECK-2 ◀ 10 ▶

☐ 073
llorar　泣く
1

☐ 074
matar　殺す
1

☐ 075
mirar　（見ようとして）見る
1

☐ 076
ganar　稼ぐ、勝つ
1

☐ 077
gastar　金を使う、消費する
1

☐ 078
fumar　タバコを吸う
1

☐ 079
bailar　踊る
1

☐ 080
correr　走る
2

Quick Review

☐ dar　☐ traer　☐ enviar　☐ empujar
☐ entrar　☐ bajar　☐ llegar　☐ volver

CHECK-3

Quiero llorar.

私は泣きたいです。

Quien a hierro mata, a hierro muere.

諺 鉄で殺すものは、鉄に死す。(悪い扱いをすれば、自分に跳ね返ってくる。)

Un hombre me mira desde hace un rato.

少し前から一人の男が私を見ている。

¿Quieres ganar más dinero?

(君は) もっとお金を稼ぎたいですか？

Tenemos que aprender cómo gastar menos energía.

どうやってエネルギーを節約するかを学ばなければならない。

En España está prohibido fumar en bares y restaurantes.

スペインではバルやレストランは禁煙だ。

¿Quieres bailar conmigo?

私と踊りませんか？

No corran.

走らないで。

Quick Review

- □ 与える
- □ 入る
- □ 持ってくる
- □ (人が)降りる、(ものが)下がる
- □ 送る
- □ 到着する
- □ 押す
- □ 戻る、もう一度…する

CHECK-1 ▶ CHECK-2 ◀ 11 ▶

□ 081
aceptar　受け入れる
1

□ 082
alquilar　賃貸する
1

□ 083
reservar　予約する
1

□ 084
cambiar　変える
1

□ 085
lavar　洗う
1

□ 086
firmar　署名する、サインする
1

□ 087
faltar　不足している
1

□ 088
llamar　呼ぶ、電話をかける
1

Quick Review

□ llorar	□ matar	□ mirar	□ ganar
□ gastar	□ fumar	□ bailar	□ correr

CHECK-3

Acepto tu invitación.

君の招待を受けます。

Vamos a alquilar un coche en Málaga.

マラガではレンタカーを借りよう。

Quiero reservar una habitación en el Parador* de Granada.

（私は）グラナダのパラドールの部屋を一つ予約したい。

No queremos cambiar el plan de viaje.

私たちは旅行の計画を変えたくありません。

Voy a lavar el coche.

私は車を洗うつもりだ。

Firme aquí, por favor.

ここにサインをしてください。

No nos falta nada.

私たちには何も不足していない。

Te llamo mañana.

明日、電話するよ。

Quick Review

- [ ] 泣く
- [ ] 殺す
- [ ] （見ようとして）見る
- [ ] 稼ぐ、勝つ
- [ ] 金を使う、消費する
- [ ] タバコを吸う
- [ ] 踊る
- [ ] 走る

＊Parador：歴史的建造物を活用した国営ホテルチェーン

CHECK-1 ► CHECK-2 ◄ 12 ►

□ 089
empezar 始まる、始める
20

□ 090
continuar 続く、続ける
38

□ 091
terminar 終わる、終える
1

□ 092
acabar 終わる、終える、仕上げる
1

□ 093
encontrar 見つける
21

□ 094
buscar 探す
1

□ 095
conseguir 獲得する、達成する
17

□ 096
perder 失う
23

Quick Review

□ aceptar □ alquilar □ reservar □ cambiar
□ lavar □ firmar □ faltar □ llamar

Check-3

La paz empieza con una sonrisa. (Madre Teresa de Calcuta)

平和は一つの微笑から始まる。（マザー・テレサ）

Continúa la crisis económica.

経済危機は続いている。

La clase termina a las tres.

授業は3時に終わる。

No voy a acabar el trabajo hoy.

私は、今日は仕事が終わらない。

He encontrado mi media naranja.

私はぴったりの伴侶を見つけた。  media naranja の直訳は「オレンジの半分」

Se busca un chef.

シェフ募集中。

Todos los partidos quieren conseguir más votos.

全ての政党はより多くの票を獲得したいと思っている。

Japón no pierde la esperanza.

日本は希望を失わない。

- □ 受け入れる
- □ 賃貸する
- □ 予約する
- □ 変える
- □ 洗う
- □ 署名する、サインする
- □ 不足している
- □ 呼ぶ、電話をかける

CHECK-1 ► CHECK-2 ◄ 13 ►

□ 097
recibir　受け取る
3

□ 098
permitir　許す
3

□ 099
romper　破る、壊す
2

□ 100
casar(se)　結婚させる（結婚する）
6

□ 101
necesitar　…が必要である
1

□ 102
poder　できる、…してよい
25

□ 103
usar　使う、用いる
1

□ 104
desear　願う
1

Quick Review
□ empezar　□ continuar　□ terminar　□ acabar
□ encontrar　□ buscar　□ conseguir　□ perder

Check-3

Ana María Matute recibió el Premio Cervantes.

アナ・マリア・マトゥテがセルバンテス賞を受賞した。

¿Me permite hacerle una pregunta?

質問をさせていただけますか？

La avaricia rompe el saco.

強欲は袋を破る。（欲に頂なし。）

¿Quieres casarte conmigo?

私と結婚してくれますか？

Los damnificados necesitan de todo.

被災者は全てを必要としている。

No puedo comer pescado, soy alérgica.

私は魚が食べられません。アレルギーなんです。

Usan nuevas tecnologías.

新しいテクノロジーを使っている。

Te deseo mucha suerte.

君の幸運を祈る。

- □ 始まる、始める
- □ 続く、続ける
- □ 終わる、終える
- □ 終わる、終える、仕上げる
- □ 見つける
- □ 探す
- □ 獲得する、達成する
- □ 失う

CHECK-1 ▶ CHECK-2 14

□ 105
saludar　あいさつする
1

□ 106
presentar　紹介する
1

□ 107
tratar　扱う
1

□ 108
trabajar　働く
1

□ 109
sentar(se)　座らせる（座る）
22

□ 110
encender　火をつける
23

□ 111
levantar(se)　起こす（起きる）
6

□ 112
aumentar　増やす、増える
1

Quick Review
□ recibir　□ permitir　□ romper　□ casar(se)
□ necesitar　□ poder　□ usar　□ desear

CHECK-3

Se saluda dándose la mano.

握手してあいさつする。

darse la mano ＝ 握手する

Te presento a Elena.

エレナさんをご紹介します。

Este libro trata el tema de la inmigración.

この本は移民のテーマを扱っている。

Carlos está trabajando como un burro.

カルロスは働きづめだ。

trabajar como un burro ＝ロバのようによく働く

Siéntese, por favor.

おかけください。

Enciende la luz, por favor.

電気をつけてください。

Me levanto a las siete.

私は７時に起きる。

Han aumentado el sueldo a su secretaria.

（彼の）秘書の給料をアップした。

Quick Review

- □ 受け取る
- □ 許す
- □ 破る、壊す
- □ 結婚させる（結婚する）
- □ …が必要である
- □ できる、…してよい
- □ 使う、用いる
- □ 願う

CHECK-1 ► CHECK-2 15

動詞 名詞 形容詞 副詞 前置詞など

□ 113
llover 雨が降る
27

□ 114
esperar 待つ、期待する
1

□ 115
llevar 持っていく、連れて行く
1

□ 116
tirar 捨てる、投げる、引く
1

□ 117
dejar 置いたままにしておく
1

□ 118
tomar 取る、飲む、食べる
1

□ 119
echar 投げる
1

□ 120
meter 入れる
2

Quick Review

□ saludar	□ presentar	□ tratar	□ trabajar
□ sentar(se)	□ encender	□ levantar(se)	□ aumentar

CHECK-3

Está lloviendo a cántaros.

土砂降りの雨が降っている。

llover a cántaros = 土砂降りの雨が降る

Quien espera, desespera.

諺 期待する者は失望する。

En España muchos padres llevan a sus hijos a la escuela en coche.

スペインでは多くの両親が子どもを車で学校まで送る。

Para abrir esta puerta, tira de ella.

このドアを開けるには引いてください。

Aquí dejé la llave.

（私は）ここに鍵を置いたままにした。

Vamos a tomar un café.

コーヒーを飲みましょう。

Echar la culpa a los demás está de moda.

他人のせいにするのが流行っている。

echar la culpa a... = …のせいにする

¿Meterá alguien un gol?

誰かゴールを決めるかな？

Quick Review

- [ ] あいさつする
- [ ] 紹介する
- [ ] 扱う
- [ ] 働く
- [ ] 座らせる（座る）
- [ ] 火をつける
- [ ] 起こす（起きる）
- [ ] 増やす、増える

CHECK-1 ▶ CHECK-2 16

動詞 名詞 形容詞 副詞 前置詞など

□ 121	ayudar (1)	手伝う
□ 122	contestar (1)	答える
□ 123	estudiar (1)	勉強する
□ 124	preguntar (1)	尋ねる
□ 125	leer (2)	読む
□ 126	gustar (1)	…が好きである
□ 127	jugar (35)	遊ぶ、（球技を）する
□ 128	tocar (1)	触る

Quick Review

□ llover □ esperar □ llevar □ tirar
□ dejar □ tomar □ echar □ meter

CHECK-3

A quien madruga, Dios le ayuda.

早起きする人は、神が助ける。(早起きは三文の徳。)

Conteste las siguientes preguntas.

次の質問にお答えください。

Estudié biología en la universidad.

私は大学で生物学を勉強した。

¿Puedo preguntarle su edad?

お年を伺ってもよろしいですか?

Leer es un placer.

読むことは喜びだ。

Me gusta la crema catalana.

私はクレマ・カタラナ(カスタードのスイーツ)が好きだ。

¿Juegas al fútbol?

君はサッカーをしますか?

jugar al +球技 = 球技をする

¡No me toques!

私に触らないで!

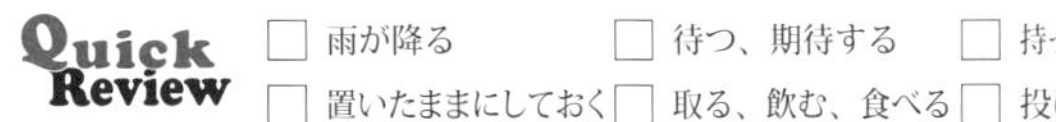

付録－1 動詞の活用表

スペイン語の動詞は人称と時制に合わせて活用します。本書では、直説法現在形の活用を1人称・2人称・3人称の単数形、そしてそれぞれの複数形を表にしてあります。

63

■規則活用（①、②、③）

赤字部分が、活用して変化します。

【例】desayunar（見出し語番号 001）の場合、規則活用動詞ですので、-ar 部分が同様に変化します。

① hablar　話す【ar 動詞規則活用】

	直説法現在形
1人称単数	hablo
2人称単数	hablas
3人称単数	habla
1人称複数	hablamos
2人称複数	habláis
3人称複数	hablan

② comer　食べる【er 動詞規則活用】

直説法現在形
como
comes
come
comemos
coméis
comen

③ vivir　暮らす、住む【ir 動詞規則活用】

直説法現在形
vivo
vives
vive
vivimos
vivís
viven

■重要な不規則活用の動詞（④、⑤）　英語の be 動詞にあたるもの

④ ser　…である

直説法現在形
soy
eres
es
somos
sois
son

⑤ estar　…である、…がある

直説法現在形
estoy
estás
está
estamos
estáis
están

64

■再帰動詞（-ar 動詞）の規則活用（⑥）

再帰代名詞（se）も活用することに注意！

⑥ levantarse	起きる
直説法現在形	
me levanto	
te levantas	
se levanta	
nos levantamos	
os levantáis	
se levantan	

■さまざまな不規則活用

不規則に変化する箇所のうち、特に注意を要する箇所を赤字で示してあります。

「ある」「いる」の意味の場合には、“hay” が用いられます。☞

⑦ haber	ある、いる、助動詞
直説法現在形	
he	
has	
ha, hay	
hemos	
habéis	
han	

⑧ ir	行く
直説法現在形	
voy	
vas	
va	
vamos	
vais	
van	

⑨ dar	与える
直説法現在形	
doy	
das	
da	
damos	
dais	
dan	

65

10 venir 来る

直説法現在形

vengo
vienes
viene
venimos
venís
vienen

11 hacer する、作る

直説法現在形

hago
haces
hace
hacemos
hacéis
hacen

12 tener 持つ

直説法現在形

tengo
tienes
tiene
tenemos
tenéis
tienen

13 poner 置く

直説法現在形

pongo
pones
pone
ponemos
ponéis
ponen

14 salir 出る、出かける

直説法現在形

salgo
sales
sale
salimos
salís
salen

15 traer 持ってくる

直説法現在形

traigo
traes
trae
traemos
traéis
traen

66

16 decir	言う

直説法現在形

digo
dices
dice
decimos
decís
dicen

17 conseguir	獲得する、達成する

直説法現在形

consigo
consigues
consigue
conseguimos
conseguís
consiguen

18 oír	聞こえる

直説法現在形

oigo
oyes
oye
oímos
oís
oyen

19 cerrar	閉める

直説法現在形

cierro
cierras
cierra
cerramos
cerráis
cierran

【例】calentar, pensar

20 empezar	始まる、始める

直説法現在形

empiezo
empiezas
empieza
empezamos
empezáis
empiezan

21 contar	数える

直説法現在形

cuento
cuentas
cuenta
contamos
contáis
cuentan

67

㉒ sentar(se) 座らせる（座る）

直説法現在形

(me) siento
(te) sientas
(se) sienta
(nos) sentamos
(os) sentáis
(se) sientan

㉓ entender 理解する

直説法現在形

entiendo
entiendes
entiende
entendemos
entendéis
entienden

㉔ querer 欲する、愛する

直説法現在形

quiero
quieres
quiere
queremos
queréis
quieren

㉕ poder できる、…してよい

直説法現在形

puedo
puedes
puede
podemos
podéis
pueden

㉖ volver 戻る、もう一度…する

直説法現在形

vuelvo
vuelves
vuelve
volvemos
volvéis
vuelven

㉗ mover 動く

直説法現在形

muevo
mueves
mueve
movemos
movéis
mueven

68

28 dormir 眠る

直説法現在形

duermo
duermes
duerme
dormimos
dormís
duermen

29 morir 死ぬ

直説法現在形

muero
mueres
muere
morimos
morís
mueren

30 reír(se) 笑う

直説法現在形

(me) río
(te) ríes
(se) ríe
(nos) reímos
(os) reís
(se) ríen

31 pedir 頼む、求める

直説法現在形

pido
pides
pide
pedimos
pedís
piden

32 sentir(se) 感じる（自分が…だと感じる）

直説法現在形

(me) siento
(te) sientes
(se) siente
(nos) sentimos
(os) sentís
(se) sienten

33 saber 知っている

直説法現在形

sé
sabes
sabe
sabemos
sabéis
saben

69

34 conocer | 知っている

直説法現在形

conozco
conoces
conoce
conocemos
conocéis
conocen

35 jugar | 遊ぶ、球技をする

直説法現在形

juego
juegas
juega
jugamos
jugáis
juegan

36 ver | 見る

直説法現在形

veo
ves
ve
vemos
veis
ven

37 enviar | 送る

直説法現在形

envío
envías
envía
enviamos
enviáis
envían

38 continuar | 続く、続ける

直説法現在形

continúo
continúas
continúa
continuamos
continuáis
continúan

名詞

男性名詞、女性名詞の両方の形があり、同じ意味である場合は併記しています。「, -」に続けて書かれているのが女性名詞の語尾です。なお、音声は男性名詞のみ収録されています。

Check-1 ▶ Check-2 17

□ 129
abogado, -da 弁護士
M *F*

□ 130
maestro, -ra 教師
M *F*

□ 131
estudiante 学生
M *F*
男女同形

□ 132
médico, -ca 医師
M *F*

□ 133
arquitecto, -ta 建築家
M *F*

□ 134
secretaria 秘書
F
男性名詞 secretario は主に「事務局長」「書記官」の意味で使われることが多い

□ 135
policía 警察（*F*）／警察官（*M*）
policía「警察」という組織を指す場合は女性名詞（la policía）、「警察官」の場合はそれぞれの性別に応じて用いる（例、el policía = 男性警察官、la policía = 婦警）

□ 136
camarero, -ra ウエーター／ウエートレス
M *F*

Quick Review 【P. 98】

□ línea □ manera □ mitad □ moda
□ par □ parte □ caso □ número

Check-3

Este abogado le defiende en el juicio.

この弁護士が裁判で彼を弁護します。

En México el 15 de mayo es el Día del Maestro.

メキシコでは5月15日は教師の日です。

Muchos estudiantes trabajan durante las vacaciones de verano.

多くの学生は夏休みに働く。

El Dr. Sanz es nuestro médico de cabecera.

サンツ先生が我々のホームドクターです。

médico de cabecera
＝ホームドクター、かかりつけの医者

Tadao Ando es uno de los arquitectos japoneses más reconocidos.

安藤忠雄は最も著名な日本人建築家の一人です。

La secretaria del presidente es muy eficaz.

社長秘書はとても仕事ができる。

La policía ha arrestado al ladrón.

警察は泥棒を逮捕した。

Cada camarero se encarga de ciertas mesas.

ウエーターは、それぞれ担当するテーブルが決まっている。

- ☐ 線
- ☐ 一対
- ☐ 方法
- ☐ 部分
- ☐ 半分
- ☐ 場合
- ☐ 流行
- ☐ 数

CHECK-1 ► CHECK-2 ◄ 18 ►

□ 137
alumno, -na　生徒、学生
M *F*

□ 138
amigo, -ga　友達
M *F*

□ 139
autor, -ra　著者、作者
M *F*

□ 140
caballero　紳士
M

□ 141
gente　人々、人
F

□ 142
hombre　人間、男
M

□ 143
mujer　女の人
F

□ 144
niño, -ña　男の子／女の子
M *F*

Quick Review

□ abogado, -da　□ maestro, -ra　□ estudiante　□ médico, -ca
□ arquitecto, -ta　□ secretaria　□ policía　□ camarero, -ra

CHECK-3

El profesor ha dividido a los alumnos en cuatro grupos.
先生は生徒を 4 つのグループに分けました。

El perro es el mejor amigo del hombre.

犬は人間の最良の友である。

El autor de *El Quijote* es Cervantes.

ドン・キホーテの作者はセルバンテスだ。

Ese señor es un caballero.

その男性は紳士だ。

Hay mucha gente en la calle.

通りには人が大勢いる。

Hombre prevenido vale por dos.

備えのある人は 2 倍の価値がある。（備えあれば憂いなし。）

Cada vez hay más mujeres que trabajan fuera del hogar.

外で働く女性が増えている。

Los niños son la esperanza del mundo. (José Martí)

子どもたちは世界の希望だ。（ホセ・マルティ）

Quick Review

- ☐ 弁護士
- ☐ 建築家
- ☐ 教師
- ☐ 秘書
- ☐ 学生
- ☐ 警察／警察官
- ☐ 医師
- ☐ ウエーター / ウエートレス

CHECK-1 ▶ CHECK-2 19

□ 145
jefe, -fa　長、上司
M F

□ 146
nombre　名
M

□ 147
persona　人
F

□ 148
chico, -ca　男の子／女の子
M F

□ 149
lección　学課、レッスン
F

□ 150
clase　授業
F

□ 151
cuaderno　ノート
M

□ 152
libro　本
M

Quick Review
□ alumno, -na　□ amigo, -ga　□ autor, -ra　□ caballero
□ gente　□ hombre　□ mujer　□ niño, -ña

CHECK-3

El jefe de Estado de España es el Rey.

スペインの国家元首は国王です。

¿Cuál es su nombre?

お名前は？

Es para cuatro personas.

4 人分です。

El fútbol no es solo para chicos.

サッカーは男の子だけのものではない。

La vida está llena de lecciones.

人生は教訓が詰まっている。

Tenemos clases de español por las mañanas.

私たちは午前中にスペイン語の授業があります。

¿Tienes un cuaderno para tomar notas?

（君は）メモするためのノートを持ってる？

Leo libros electrónicos.

私は電子書籍を読みます。

Quick Review

- □ 生徒、学生
- □ 友達
- □ 著者、作者
- □ 紳士
- □ 人々、人
- □ 人間、男
- □ 女の人
- □ 男の子／女の子

CHECK-1 ► CHECK-2 20

□ 153
escuela 学校
F

□ 154
estudio 勉強
M

□ 155
juego 遊び
M

□ 156
diccionario 辞書
M

□ 157
lápiz 鉛筆
M

□ 158
música 音楽
F

□ 159
palabra 単語
F

□ 160
idioma 言語
M

Quick Review

□ jefe, -fa　□ nombre　□ persona　□ chico, -ca
□ lección　□ clase　□ cuaderno　□ libro

CHECK-3

En México la escuela empieza a las siete de la mañana.

メキシコでは学校は朝７時に始まります。

El presidente no tiene estudios universitarios.

大統領は大卒ではありません。

Los juegos de rol en línea son populares.

オンライン・ロールプレイングゲームが人気だ。

¿Me dejas tu diccionario?

辞書貸してくれる？

Los niños de ahora no saben cómo usar una navaja para sacar punta a un lápiz.

今の子どもたちはナイフを使って鉛筆を削れない。

sacar punta a...
＝ …をとがらせる

La música es una parte de la vida.

音楽は人生の一部です。

Una palabra hiere más profundamente que una espada. (Robert Burton)

ことばは剣よりも深く傷つける。（ロバート・バートン）

Carlos habla cuatro idiomas, español, catalán*, inglés y francés.

カルロスはスペイン語、カタラン語、英語、フランス語の４つの言語を話します。

Quick Review

- [ ] 長、上司
- [ ] 名
- [ ] 人
- [ ] 男の子／女の子
- [ ] 学課、レッスン
- [ ] 授業
- [ ] ノート
- [ ] 本

＊ catalán：カタラン語、カタルーニャ語。バルセロナがあるカタルーニャ地方で話されているスペインの公用語の一つ

Check-1 ▶ Check-2 ◀ 21 ▶

□ 161
ejemplo 例
M

□ 162
espejo 鏡
M

□ 163
lengua 言語、舌
F

□ 164
letra 文字
F

□ 165
universidad 大学
F

□ 166
asiento 席
M

□ 167
banco 銀行
M

□ 168
biblioteca 図書館
F

Quick Review

□ escuela	□ estudio	□ juego	□ diccionario
□ lápiz	□ música	□ palabra	□ idioma

CHECK-3

Por ejemplo, ¿qué te parece el domingo?

例えば、日曜日はどう？

Romper un espejo da siete años de mala suerte.

鏡を割ると7年間不運になる。

La lengua materna es el primer idioma que una persona aprende.

母語とは一番最初に習得する言語のことです。

La letra *Ñ* es una seña de identidad para España.

Ñという文字はスペインのアイデンティティーを示しています。

La Universidad de Salamanca es la más antigua de España.

サラマンカ大学はスペインで最も古い大学だ。

Estos asientos están reservados para la prensa.

これらの席はマスコミ用だ。

El Banco Central Europeo (BCE) es el banco central de la moneda única europea, el euro.

欧州中央銀行は欧州単一通貨であるユーロの中央銀行だ。

La Biblioteca de Babel es un cuento del escritor argentino Jorge Luis Borges.

『バベルの図書館』はアルゼンチン人作家、ホルヘ・ルイス・ボルヘスの短編だ。

Quick Review

☐ 学校　☐ 勉強　☐ 遊び　☐ 辞書
☐ 鉛筆　☐ 音楽　☐ 単語　☐ 言語

CHECK-1 ▶ CHECK-2 22

□ 169
estación 駅
F

□ 170
hospital 病院
M

□ 171
hotel ホテル
M

□ 172
iglesia 教会
F

□ 173
museo 博物館、美術館
M

□ 174
parque 公園
M

□ 175
cine 映画（館）
M

□ 176
mercado 市場
M

Quick Review

□ ejemplo □ espejo □ lengua □ letra
□ universidad □ asiento □ banco □ biblioteca

Check-3

Quedamos en vernos en la estación.

私たちは駅で落ち合うことにしました。

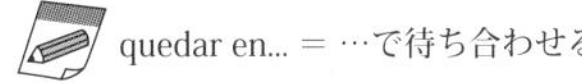

En España hay hospitales de la seguridad social y clínicas privadas.

スペインでは社会保険の病院と民間の病院がある。

No es difícil reservar hoteles en internet.

インターネットでホテルを予約するのは難しくない。

La Sagrada Familia es una famosa iglesia de Barcelona.

サグラダ・ファミリアはバルセロナにある有名な教会だ。

En el Museo del Prado se pueden ver obras de los grandes maestros de la pintura.

プラド美術館では絵画の巨匠の作品が鑑賞できる。

El Parque Nacional de Doñana está en Andalucía.

ドニャーナ国立公園はアンダルシアにあります。

Almodóvar es uno de los mejores directores del cine español.

アルモドバルはスペインの映画界で最も素晴らしい監督の一人だ。

El Mercado de San Miguel de Madrid es muy atractivo.

マドリッドのサン・ミゲル市場はとても魅力的な市場です。

Quick Review

□ 例	□ 鏡	□ 言語、舌	□ 文字
□ 大学	□ 席	□ 銀行	□ 図書館

CHECK-1 ► CHECK-2 23

動詞 名詞 形容詞 副詞 前置詞など

☐ 177
casa 家
F

☐ 178
jardín 庭
M

☐ 179
sala 部屋
F

☐ 180
puerta ドア
F

☐ 181
pared 壁
F

☐ 182
edificio 建物
M

☐ 183
oficina 事務所
F

☐ 184
lugar 場所
M

Quick Review

☐ estación ☐ hospital ☐ hotel ☐ iglesia
☐ museo ☐ parque ☐ cine ☐ mercado

CHECK-3

Está Ud. en su casa.

どうぞおくつろぎください。

我が家に招いたゲストに、自分の家にいるように寛いでほしいという気持ちを伝えるフレーズ

A los que diseñan jardines se les llama paisajistas.

庭の設計をする人を造園家と呼ぶ。

Hay mucha gente esperando en la sala de espera.

待合室には多数の人が待っている。

sala de espera = 待合室

La puerta está abierta.

ドアは開いている。

Las paredes oyen.

壁は聞いている。（壁に耳あり。）

Este edificio es antisísmico.

この建物は耐震性のものだ。

Nuestra oficina está en el centro.

我々の事務所は中心街にある。

El saber no ocupa lugar.

知識は場所をとらない。（知識は邪魔にならない。）

Quick Review

- [ ] 駅
- [ ] 病院
- [ ] ホテル
- [ ] 教会
- [ ] 博物館、美術館
- [ ] 公園
- [ ] 映画（館）
- [ ] 市場

CHECK-1 ▶ CHECK-2 24

□ 185
campo 田舎、野原
M

□ 186
capital 首都（*F*）／資本（金）（*M*）

"capital"は女性名詞として用いられた場合は「首都（la capital）」、男性名詞として用いられた場合は「資本（金）（el capital）」という意味になる

□ 187
isla 島
F

□ 188
país 国
M

□ 189
playa 浜、ビーチ
F

□ 190
plaza 広場
F

□ 191
puente 橋
M

□ 192
puerto 港
M

Quick Review

□ casa	□ jardín	□ sala	□ puerta
□ pared	□ edificio	□ oficina	□ lugar

Check-3

Tenemos un chalet en el campo.

私たちは田舎に別荘を持っている。

¿Cuál es la capital de Bolivia?

ボリビアの首都はどこですか？

La Isla de Pascua es una isla de Chile ubicada en la Polinesia.

イースター島はポリネシアにあるチリの島だ。

Mi país preferido es España.

私の好きな国はスペインです。

Vamos a la playa a jugar.

ビーチに遊びに行こう。

He quedado con Nacho en la plaza a las ocho.

私はナチョと8時に広場で待ち合わせた。

Este puente es de la época romana.

この橋はローマ時代のものです。

Colón zarpó del Puerto de Palos en 1492.

コロンブスは1492年にパロス港を出航した。

Quick Review

- ☐ 家
- ☐ 庭
- ☐ 部屋
- ☐ ドア
- ☐ 壁
- ☐ 建物
- ☐ 事務所
- ☐ 場所

CHECK-1 ► CHECK-2 ◄ 25 ►

□ 193
tienda 店
F

□ 194
castillo 城
M

□ 195
bandera 旗
F

□ 196
fiesta パーティ
F

□ 197
mapa 地図
M

□ 198
moneda 貨幣、硬貨
F

□ 199
arma 武器
F

音声では冠詞は男性形を伴っている。詳しくは149ページを参照

□ 200
deporte スポーツ
M

Quick Review

□ campo	□ capital	□ isla	□ país
□ playa	□ plaza	□ puente	□ puerto

CHECK-3

En este barrio hay muchas tiendas.

この地区には店がたくさんある。

San Francisco Javier nació en el castillo de Javier ubicado en Javier, Navarra.
聖フランシスコ・ザビエルはナバラのハビエル村にあるハビエル城で生まれた。

En la bandera de la libertad bordé el amor más grande de mi vida. (Federico García Lorca)
我は自由の旗に我が人生最大の愛を織り込んだ。（ガルシア・ロルカ）

Vamos a la fiesta de cumpleaños de Araceli.

私たちはアラセリの誕生日パーティに行く。

Los hoteles ofrecen mapas de la ciudad.

ホテルでは町の地図がもらえる。

Todas las monedas tienen dos caras.

すべてのコインは両面がある。（物事には複数の側面がある。）

La inteligencia es la mejor arma.

知性が最良の武器だ。

Harrijasotze es un deporte vasco consistente en levantar piedras pesadas.
ハリハソツェとは、重い石を持ち上げるバスク地方のスポーツです。

Quick Review
- □ 田舎、野原
- □ 首都／資本（金）
- □ 島
- □ 国
- □ 浜、ビーチ
- □ 広場
- □ 橋
- □ 港

CHECK-1 ▶ CHECK-2 ◀ 26 ▶

□ 201
cama ベッド
F

□ 202
baño 風呂、トイレ
M

□ 203
silla 椅子
F

□ 204
teléfono 電話
M

□ 205
vaso コップ
M

□ 206
ventana 窓
F

□ 207
mesa テーブル
F

□ 208
plato 皿、料理
M

Quick Review

□ tienda	□ castillo	□ bandera	□ fiesta
□ mapa	□ moneda	□ arma	□ deporte

CHECK-3

Hay dos camas en esta habitación.

この部屋にはベッドが２つある。

¿Dónde está el baño?

トイレはどこですか？

Quien fue a Sevilla perdió su silla.

諺 セビリアに行った者は椅子を失った。（去る者は日々に疎し。）

El teléfono no para de sonar.

電話が鳴りやまない。

Un vaso de agua, por favor.

水を一杯お願いします。

Por favor, abre la ventana.

窓を開けてください。

Vamos a sentarnos a la mesa.

テーブルに着席しましょう。

Vamos a pedir el plato del día.

今日の日替わり料理を頼みましょう。

Quick Review

□ 店	□ 城	□ 旗	□ パーティ
□ 地図	□ 貨幣、硬貨	□ 武器	□ スポーツ

CHECK-1 ▶ CHECK-2 27

☐ 209
cuchillo ナイフ
M

☐ 210
cuchara スプーン
F

☐ 211
tenedor フォーク
M

☐ 212
copa グラス
F

☐ 213
botella 瓶
F

☐ 214
caja 箱
F

☐ 215
bolsa 袋
F

☐ 216
piedra 石
F

Quick Review

☐ cama ☐ baño ☐ silla ☐ teléfono
☐ vaso ☐ ventana ☐ mesa ☐ plato

CHECK-3

En casa del herrero, cuchillo de palo.

鍛治職人の家では、木のナイフ。（紺屋の白袴。）

¿Me trae una cuchara, por favor?

スプーンを１本持ってきていただけますか？

El número de tenedores de un restaurante sirve para indicar su categoría.

フォークの数はレストランの格付けを表している。

¡Levantemos la copa para brindar!

グラスを持ち上げ、乾杯しよう！

Una botella de agua mineral, por favor.

ミネラルウォーターを１本お願いします。

La vida es como una caja de sorpresas.

人生はビックリ箱のようだ。

En los supermercados te cobran por la bolsa.

スーパーマーケットでは袋が有料です。

El Templo Ryoan-ji tiene un precioso jardín de piedras.

龍安寺（りょうあんじ）には素晴らしい石庭がある。

- [ ] ベッド
- [ ] 風呂、トイレ
- [ ] 椅子
- [ ] 電話
- [ ] コップ
- [ ] 窓
- [ ] テーブル
- [ ] 皿、料理

Check-1 ▶ Check-2 28

217	foto *F*	写真
218	cámara *F*	カメラ
219	carta *F*	手紙
220	papel *M*	紙
221	periódico *M*	新聞
222	radio *F*	ラジオ
223	reloj *M*	時計
224	televisión *F*	テレビ

Quick Review

- [ ] cuchillo
- [ ] cuchara
- [ ] tenedor
- [ ] copa
- [ ] botella
- [ ] caja
- [ ] bolsa
- [ ] piedra

Check-3

Estas son fotos de nuestra luna de miel.

これらは私たちの新婚旅行の写真だ。

Quiero comprarme una cámara digital.

私はデジタルカメラを買いたい。

Las mejores cartas de amor están escritas por los que no están enamorados. (Santiago Rusiñol i Prats)
最良のラブレターは恋していない人によって書かれている。
(サンティアゴ・ルシニョル・イ・プラッツ)

Hay que comprar papel higiénico.

トイレットペーパーを買う必要がある。

Hoy hay buenas noticias en los periódicos.

今日は新聞に良いニュースが載っている。

Me hicieron una entrevista para la radio.

私はラジオのインタビューを受けた。

Hay gente que usa el móvil como reloj.

携帯電話を時計として使う人がいます。

Se puede ver la televisión española en internet.

スペインのテレビをインターネットで見ることができる。

Quick Review

- [ ] ナイフ
- [ ] スプーン
- [ ] フォーク
- [ ] グラス
- [ ] 瓶
- [ ] 箱
- [ ] 袋
- [ ] 石

Check-1 ▶ Check-2 29

☐ 225
fuego　火
M

☐ 226
madera　木材
F

☐ 227
aeropuerto　空港
M

☐ 228
avión　飛行機
M

☐ 229
barco　船
M

☐ 230
coche　自動車
M

☐ 231
tren　電車
M

☐ 232
metro　地下鉄
M

Quick Review

☐ foto	☐ cámara	☐ carta	☐ papel
☐ periódico	☐ radio	☐ reloj	☐ televisión

CHECK-3

No eches más leña al fuego.

 火にこれ以上まきをくべるな。(火に油をそそぐな。)

La construcción de madera más antigua del mundo que se conserva es el Templo Horyu-ji.
現存する世界最古の木造建築は法隆寺です。

Hay muchas opciones para hacer compras dentro del aeropuerto.
空港内ではショッピングのオプションがたくさんあります。

¿Cuánto cuesta enviar este paquete por avión hasta Japón?

この小包を航空便で日本に送るといくらかかりますか？

Me mareo en barco.

私は船酔いする。

Este coche es fácil de conducir.

この車は運転しやすい。

Hay gente que viaja en tren con su perro.

犬を連れて電車で旅行する人がいる。

En Madrid el metro es el medio de transporte más eficiente.
マドリッドでは、地下鉄が最も効率の良い交通手段です。

Quick Review

□ 写真	□ カメラ	□ 手紙	□ 紙
□ 新聞	□ ラジオ	□ 時計	□ テレビ

CHECK-1 ► CHECK-2 ◄ 30 ►

□ 233 accidente *M*	事故
□ 234 calle *F*	通り
□ 235 camino *M*	道
□ 236 ciudad *F*	市、都市
□ 237 dirección *F*	住所、方向
□ 238 centro *M*	中心
□ 239 vez *F*	…回
□ 240 yen *M*	（通貨の）円

Quick Review

□ fuego □ madera □ aeropuerto □ avión
□ barco □ coche □ tren □ metro

CHECK-3

Cómo evitar accidentes en el hogar.

自宅での事故の防ぎ方。

La calle Mayor está en el centro.

マヨール通りは中心街にあります。

El *Camino de Santiago* es una metáfora de la vida.

「サンティアゴ（巡礼）の道」とは人生のメタファーである。

La capital de México es la Ciudad de México.

メキシコの首都はメキシコ・シティです。

¿Cuál es la dirección de la Embajada?

大使館の住所は？

Nuestro hotel está en el centro de la ciudad.

我々のホテルは町の中心にある。

¿Cuántas veces tengo que repetirlo?

何度同じことを言わなきゃいけないの？

¿A cómo está el yen frente al euro?

ユーロに対する円相場はどのくらいですか？

Quick Review

- ☐ 火
- ☐ 船
- ☐ 木材
- ☐ 自動車
- ☐ 空港
- ☐ 電車
- ☐ 飛行機
- ☐ 地下鉄

動詞 名詞 形容詞 副詞 前置詞など

Check-1 ▶ Check-2 ◀ 31 ▶

□ 241
salud 健康
F

□ 242
voz 声
F

□ 243
corazón 心、心臓
M

□ 244
sangre 血
F

□ 245
señora …夫人
F

□ 246
señor …氏
M

□ 247
agua 水
F

音声では冠詞は男性形を伴っている。詳しくは 149 ページを参照

□ 248
aire 空気
M

Quick Review

□ accidente □ calle □ camino □ ciudad
□ dirección □ centro □ vez □ yen

CHECK-3

La salud es lo más importante.

健康は最も重要だ。

Julia tiene una voz muy bonita.

フリアはとてもきれいな声をしている。

Ojos que no ven, corazón que no siente.

諺 見ない目、感じない心。（柳に風。）

Donar sangre es donar vida.

献血するとは命を寄付することだ。

Las señoras visten de negro.

夫人たちは黒い服を着ている。

El señor Pérez es un conocido mío.

ペレス氏は私の知り合いだ。

¿Agua con gas o sin gas?

水はガス入りと無しのとどちらがいいですか？

Esta habitación no tiene aire acondicionado.

この部屋はエアコンがない。

aire acondicionado = エアコン

Quick Review

- ☐ 事故
- ☐ 通り
- ☐ 道
- ☐ 市、都市
- ☐ 住所、方向
- ☐ 中心
- ☐ …回
- ☐ （通貨の）円

動詞 名詞 形容詞 副詞 前置詞など

CHECK-1 ▶ CHECK-2 ◀ 32 ▶

☐ 249
árbol 木
M

☐ 250
arena 砂
F

☐ 251
bosque 森
M

☐ 252
flor 花
F

☐ 253
rosa バラ
F

☐ 254
hierba 草、ハーブ
F

☐ 255
naturaleza 自然
F

☐ 256
nieve 雪
F

Quick Review

☐ salud ☐ voz ☐ corazón ☐ sangre
☐ señora ☐ señor ☐ agua ☐ aire

CHECK-3

Decorar el árbol de Navidad es una tradición.

クリスマスツリーを飾るのは一つの伝統だ。

Todos aportamos nuestro grano de arena para la reconstrucción.

我々皆が復興のために小さな貢献をする。

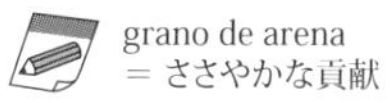
grano de arena
= ささやかな貢献

Los cerdos ibéricos viven en los bosques mediterráneos llamados *dehesa*.

イベリコ豚はデエサと呼ばれる地中海性森林地帯に暮らしています。

La flor del cerezo *sakura* es la flor nacional de Japón.

桜は日本の国花です。

Las rosas huelen bien.

バラは良い香りがする。

Manzanilla es una infusión de hierbas, pero también un vino de Jerez.

マンサニージャはハーブティーのことですが、シェリー酒を指すこともある。

Si le gusta la naturaleza, le seducirá *España Verde*.

自然がお好きなら、グリーン・スペインに魅了されるでしょう。

Cuando nieva, los niños tiran bolas de nieve.

雪が降ると、子どもたちは雪の玉を投げる。

Quick Review

- [ ] 健康
- [ ] 声
- [ ] 心、心臓
- [ ] 血
- [ ] …夫人
- [ ] …氏
- [ ] 水
- [ ] 空気

CHECK-1 ▶ CHECK-2 ◀ 33 ▶

□ 257
estrella　星、スター
F

□ 258
luna　月
F

□ 259
sol　太陽
M

□ 260
cielo　空
M

□ 261
nube　雲
F

□ 262
mar　海
M

□ 263
montaña　山
F

□ 264
río　川
M

Quick Review

□ árbol　□ arena　□ bosque　□ flor
□ rosa　□ hierba　□ naturaleza　□ nieve

CHECK-3

Este hotel tiene cuatro estrellas.

このホテルは4つ星です。

Esta noche vamos a ver la luna llena.

今晩、満月を見よう。

A Japón se le llama el país del sol naciente.

日本は日出ずる国と呼ばれている。

El cielo está gris.

空は灰色だ。

El precio del pescado está por las nubes.

魚の値段がとても高騰している。(雲のところまで上がっている。)

El Mar Mediterráneo es un mar interior de Europa, Asia y África.

地中海はヨーロッパ、アジア、アフリカに接する内海です。

Envejecer es como escalar una gran montaña. (Ingmar Bergman)

年をとることは偉大な山に登ることのようだ。(イングマール・ベルイマン)

Un tramo del río Miño sirve de frontera entre España y Portugal.

ミーニョ川の一部分はスペインとポルトガルの国境になっている。

Quick Review

- [ ] 木
- [ ] 砂
- [ ] 森
- [ ] 花
- [ ] バラ
- [ ] 草、ハーブ
- [ ] 自然
- [ ] 雪

CHECK-1 ► CHECK-2 34

□ 265
viento　風
M

□ 266
hielo　氷
M

□ 267
luz　光
F

□ 268
sombra　陰、影
F

□ 269
plata　銀
F

□ 270
terremoto　地震
M

□ 271
beso　キス
M

□ 272
dios　神
M

Quick Review

□ estrella	□ luna	□ sol	□ cielo
□ nube	□ mar	□ montaña	□ río

CHECK-3

Lo que el viento se llevó

『風と共に去りぬ』

Una limonada sin hielo, por favor.

レモネードを一つ、氷無しでお願いします。

El último que salga, que apague la luz.

最後に出る人は、明かりを消してください。

Los vampiros no tienen sombra.

吸血鬼は影がない。

La palabra es plata y el silencio es oro.

諺 雄弁は銀で、沈黙は金である。

Me dan miedo los terremotos.

私は地震が怖い。

Los españoles se dan dos besos en las mejillas cuando se saludan.

スペイン人は挨拶をするとき、左右の頬にキスをします。

¡Dios mío! ¡Asaltaron a Carlos!

オーマイゴッド！ カルロスが強盗に襲われた！

Quick Review

- [ ] 星、スター
- [ ] 月
- [ ] 太陽
- [ ] 空
- [ ] 雲
- [ ] 海
- [ ] 山
- [ ] 川

Check-1 ▶ Check-2 ◀ 35 ▶

□ 273
arte 芸術
M *F*
arte は男性名詞の場合と女性名詞の場合の両方があり、複数形の場合は女性名詞として扱われる

□ 274
artículo 記事
M

□ 275
canción 歌
F

□ 276
piano ピアノ
M

□ 277
cuento 物語
M

□ 278
alma 魂、精神
F
音声では冠詞は男性形を伴っている。詳しくは149ページを参照

□ 279
amor 愛
M

□ 280
paz 平和
F

Quick Review

□ viento	□ hielo	□ luz	□ sombra
□ plata	□ terremoto	□ beso	□ dios

CHECK-3

Las artes marciales enseñan disciplina física y mental.

武道は肉体的、精神的規律を教えてくれる。

¿Has leído el artículo sobre el terremoto?

君は地震の記事を読んだ？

Las letras de las canciones de Luis Miguel son muy románticas.

ルイス・ミゲルの歌の歌詞はとてもロマンチックだ。

No sé tocar el piano.

私はピアノが弾けません。

saber ＋不定詞 ＝ …（する技術があり）できる

A los niños les gusta que les cuenten cuentos.

子どもたちは物語を聞くのが好きだ。

¿Muere el alma con el cuerpo?

魂は肉体とともに死すのか？

La capacidad de reír juntos es el amor. (Françoise Sagan)

共に笑うことができるのが愛である。（フランソワーズ・サガン）

Las fuerzas de mantenimiento de la paz de Naciones Unidas recibieron el Premio Nobel de la Paz en 1988.

1988 年に国連平和維持軍はノーベル平和賞を受賞した。

Quick Review

- ☐ 風
- ☐ 氷
- ☐ 光
- ☐ 陰、影
- ☐ 銀
- ☐ 地震
- ☐ キス
- ☐ 神

CHECK-1 ▶ CHECK-2 36

☐ 281
gobierno 政府
M

☐ 282
grupo グループ
M

☐ 283
industria 産業、工業
F

☐ 284
ley 法
F

☐ 285
plan 計画
M

☐ 286
acto 行い
M

☐ 287
consejo 助言
M

☐ 288
favor 親切な行為
M

Quick Review

☐ arte	☐ artículo	☐ canción	☐ piano
☐ cuento	☐ alma	☐ amor	☐ paz

CHECK-3

Bélgica seguía sin gobierno.

ベルギーは政府不在の状態が続いていた。

Me gusta trabajar en grupo.

私はグループワークが好きだ。

La industria eólica española lidera el mercado europeo.

スペインの風力発電産業は欧州市場をけん引している。

El objeto de esta ley es proteger los derechos del consumidor.

この法律の目的は、消費者の権利を守ることです。

Los planes a veces salen mal.

計画はうまくいかないときがある。

Dicen que el indulto es un acto de humanidad.

恩赦は人道的な行為だといわれている。

Quien no oye consejo, no llega a viejo.

諺 忠告を聞かぬ者は長生きできない。

¿Me trae un café, por favor?

コーヒーを持ってきていただけますか？

Quick Review

□ 芸術	□ 記事	□ 歌	□ ピアノ
□ 物語	□ 魂、精神	□ 愛	□ 平和

Check-1 ► Check-2 ◄ 37 ►

動詞 名詞 形容詞 副詞 前置詞など

□ 289
trabajo 仕事
M

□ 290
condición 条件
F

□ 291
acuerdo 合意
M

□ 292
dinero 金（かね）
M

□ 293
prisa 急ぐこと
F

□ 294
asunto 事、用事
M

□ 295
problema 問題
M

□ 296
amistad 友情
F

Quick Review

□ gobierno □ grupo □ industria □ ley
□ plan □ acto □ consejo □ favor

CHECK-3

Investigan sobre el estrés y el trabajo.

ストレスと仕事について研究している。

Últimamente han mejorado las condiciones de trabajo en las fábricas.

近年、工場における労働条件が改善された。

No estoy de acuerdo con mi padre.

私は父と同じ意見ではありません。

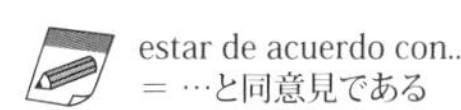

Ya no tengo dinero.

私はもうお金がない。

Tengo prisa.

私は急いでいる。

Tengo un asunto que arreglar.

私は片付けなければならない用事がある。

No hay problema que no tenga solución.

解決できない問題はない。

Una buena amistad dura para siempre.

良き友情は永遠に続く。

- ☐ 政府
- ☐ 計画
- ☐ グループ
- ☐ 行い
- ☐ 産業、工業
- ☐ 助言
- ☐ 法
- ☐ 親切な行為

CHECK-1 ► CHECK-2 ◄ 38 ►

動詞
名詞
形容詞
副詞
前置詞など

□ 297
cambio　変化、小銭、お釣り
M

□ 298
precio　値段
M

□ 299
relación　関係
F

□ 300
situación　状況
F

□ 301
tiempo　時
M

□ 302
vida　人生
F

□ 303
muerte　死
F

□ 304
noticia　ニュース
F

Quick Review

□ trabajo	□ condición	□ acuerdo	□ dinero
□ prisa	□ asunto	□ problema	□ amistad

CHECK-3

El cambio climático es un reto global.

気候変動はグローバルな課題です。

La salud no tiene precio.

健康には値段がつけられない。

Las relaciones humanas son muy importantes.

人間関係は非常に重要だ。

La situación está normalizándose.

状況は正常化しつつある。

El tiempo es oro.

諺 時は金なり。

La vida es bella

『ライフ・イズ・ビューティフル』

Es una cuestión de vida o muerte.

（それは）死活問題だ。

Te tengo una buena noticia.

君に良いニュースがあるよ。

Quick Review

- [ ] 仕事
- [ ] 急ぐこと
- [ ] 条件
- [ ] 事、用事
- [ ] 合意
- [ ] 問題
- [ ] 金
- [ ] 友情

CHECK-1 ▶ CHECK-2 ◀ 39 ▶

☐ 305
extranjero, -ra　外国、外国人
M *F*

☐ 306
mundo　世界
M

☐ 307
guerra　戦争
F

☐ 308
historia　歴史
F

☐ 309
enemigo, -ga　敵
M *F*

☐ 310
viaje　旅行
M

☐ 311
correo　郵便
M

☐ 312
visita　訪問
F

Quick Review

☐ cambio　☐ precio　☐ relación　☐ situación
☐ tiempo　☐ vida　☐ muerte　☐ noticia

Check-3

Trabajan muchos extranjeros en las fábricas.

工場では多くの外国人が働いている。

¡Vamos a dar la vuelta al mundo!

世界一周しよう！

La guerra civil española duró casi tres años.

スペイン市民戦争は３年近く続いた。

La historia la escriben los vencedores.

歴史は勝者がつづるものだ。

Toma consejo de tu enemigo. (Søren Kierkegaard)

敵の助言に耳を傾けなさい。（キルケゴール）

La vida es un viaje.

人生は旅である。

¿Me das tu dirección de correo electrónico?

君のＥメールのアドレス教えてくれる？

En los lugares turísticos hay visitas guiadas.

観光地にはガイド付きの見学コースがある。

Quick Review

- □ 変化、小銭、お釣り
- □ 値段
- □ 関係
- □ 状況
- □ 時
- □ 人生
- □ 死
- □ ニュース

動詞 名詞 形容詞 副詞 前置詞など

CHECK-1 ▶ CHECK-2 ◀ 40 ▶

□ 313	carácter *M*	性格
□ 314	color *M*	色
□ 315	control *M*	統制、コントロール
□ 316	cosa *F*	物、事
□ 317	cruz *F*	十字形
□ 318	deseo *M*	願い
□ 319	edad *F*	年齢
□ 320	falta *F*	不足

Quick Review

□ extranjero, -ra □ mundo □ guerra □ historia
□ enemigo, -ga □ viaje □ correo □ visita

Check-3

Mi abuelo tiene un carácter muy difícil.

祖父はとても難しい性格だ。

La camiseta de la selección argentina es de color azul celeste y blanco, y se le llama albiceleste.

アルゼンチン代表のユニフォームは水色と白で、アルビセレステ（白水色）と呼ばれています。

El incendio está fuera de control.

火事は手に負えない状態になっている。

Tengo una cosa que consultarte.

君に相談したい事があるんだ。

Entregaron el donativo a la Cruz Roja.

（彼らは）赤十字社に寄付金を渡した。

En la Nochevieja se comen doce uvas y se piden doce deseos.

大晦日にはブドウを 12 粒食べて、12 の願い事をします。

En España la mayoría de edad se alcanza a los 18 años.

スペインでは 18 歳で成人になります。

La falta de gasolina ha provocado largas colas en las gasolineras.

ガソリン不足でガソリンスタンドに長い列ができた。

Quick Review

- □ 外国、外国人
- □ 世界
- □ 戦争
- □ 歴史
- □ 敵
- □ 旅行
- □ 郵便
- □ 訪問

CHECK-1 ► CHECK-2 41

□ 321
felicidad 幸福
F

□ 322
fuerza 力
F

□ 323
hambre 空腹
F

音声では冠詞は男性形を伴っている。詳しくは149ページを参照

□ 324
perdón 許し
M

□ 325
honor 名誉
M

□ 326
idea 考え
F

□ 327
verdad 真実
F

□ 328
gana 意欲
F

Quick Review

□ carácter □ color □ control □ cosa
□ cruz □ deseo □ edad □ falta

Check-3

¿Qué es la felicidad para ti?

君にとって幸せって何？

La fuerza más fuerte de todas es un corazón inocente. (Víctor Hugo)

最も強い力は無垢（むく）な心だ。（ヴィクトル・ユーゴー）

A buen hambre no hay pan duro.

空腹に硬いパンはない。（空き腹にまずい物なし。）

Perdón, ¿me deja pasar?

すみません、通していただけますか？

Para mí es un honor conocerle a Ud.

お知り合いになれて光栄に存じます。

No tengo ni idea.

全く何も思い当たりません。

Siempre debemos decir la verdad.

いつも真実を言わなければならない。

No tengo ganas de hablar con nadie.

私は誰とも話す意欲がない。

tener ganas de ＋不定詞 ＝ …する意欲がある

- [ ] 性格
- [ ] 十字形
- [ ] 色
- [ ] 願い
- [ ] 統制、コントロール
- [ ] 年齢
- [ ] 物、事
- [ ] 不足

CHECK-1 ► CHECK-2 42

□ 329
línea 線
F

□ 330
manera 方法
F

□ 331
mitad 半分
F

□ 332
moda 流行
F

□ 333
par 一対（いっつい）
M

□ 334
parte 部分
F

□ 335
caso 場合
M

□ 336
número 数
M

Quick Review

□ felicidad □ fuerza □ hambre □ perdón
□ honor □ idea □ verdad □ gana

Check-3

La línea 2 del metro te lleva al centro.

地下鉄 2 号線が中心街を通っています。

¿El idioma influye en la manera de pensar?

言語は思考（考え方）に影響を及ぼすのだろうか？

Mitad y mitad.

半分半分ね。

Las tapas están de moda.

タパス（一口サイズのおつまみ）が流行している。

Tengo un par de calcetines limpios.

私は清潔な靴下が一足ある。

Una cuarta parte del vino español se vende por internet.

スペインワインの 4 分の 1 はインターネットで販売されている。

En caso de terremoto, no deben utilizar los ascensores.

地震のときは、エレベーターを利用してはならない。

¿Cuál es tu número de teléfono?

君の電話番号は何番ですか？

Quick Review

- [ ] 幸福
- [ ] 名誉
- [ ] 力
- [ ] 考え
- [ ] 空腹
- [ ] 真実
- [ ] 許し
- [ ] 意欲

体

1 cuerpo ………… 体
2 cabeza ………… 頭
3 cara ………… 顔
4 ojo ………… 目
5 nariz ………… 鼻
6 boca ………… 口
7 diente ………… 歯
8 oreja ………… 耳
9 cuello ………… 首
10 garganta ………… のど
11 brazo ………… 腕
12 mano ………… 手
13 dedo ………… 指
14 hombro ………… 肩
15 pecho ………… 胸
16 vientre ………… お腹
17 espalda ………… 背中
18 cadera ………… 腰
19 pierna ………… 脚
20 pie ………… 足（足首から下）

19

20

形容詞

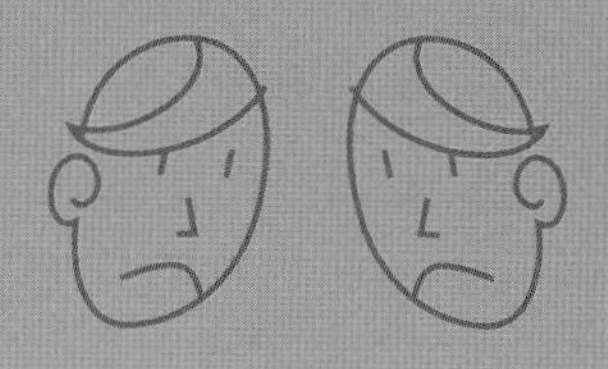

男性形と女性形の両方の形があり、同じ意味である場合は併記しています。「, -」に続けて書かれているのが女性形の語尾です。

動詞
名詞
形容詞
副詞
前置詞など

CHECK-1 ► CHECK-2 43

□ 337
feliz　幸福な

□ 338
triste　悲しい

□ 339
feo, -a　醜い

□ 340
fuerte　強い

□ 341
gordo, -da　太った

□ 342
guapo, -pa　ハンサムな

□ 343
delgado, -da　細い

□ 344
moreno, -na　（肌の色が）褐色の

Quick Review

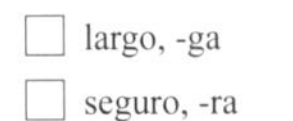

□ posible	□ largo, -ga	□ lento, -ta	□ ligero, -ra
□ nuevo, -va	□ seguro, -ra	□ solo, -la	□ viejo, -ja

【P. 120】

CHECK-3

¿Eres feliz?

君は幸せ？

Ella tiene cara triste.

彼女は悲しそうな顔をしている。

Más vale feo y bueno que guapo y perverso.

諺 ハンサムな倒錯者より醜い善人のほうが良い。

Hay una fuerte demanda global de materias primas.

原材料は世界で強い需要がある。

Mi gato está muy gordo.

私の猫は太っている。

Mi marido es muy guapo.

私の夫はとてもハンサムです。

Las modelos demasiado delgadas fueron excluídas de los desfiles de moda.

痩せすぎのモデルはファッションショーから排除された。

Ese chico moreno se llama Raúl.

その褐色の肌の男の子はラウルという名前だ。

Quick Review

- [ ] 可能な
- [ ] 新しい
- [ ] 長い
- [ ] 確信がある、安全な
- [ ] ゆっくりとした
- [ ] 唯一の
- [ ] 軽い
- [ ] 年老いた、古い

CHECK-1 ▶ CHECK-2 ◀ 44 ▶

☐ 345
rubio, -bia　金髪の

☐ 346
joven　若い

☐ 347
mayor　より大きな、年配の

☐ 348
pobre　貧しい、かわいそうな

☐ 349
rico, -ca　金持ちの

☐ 350
loco, -ca　気が狂った

☐ 351
muerto, -ta　死んだ

☐ 352
alegre　うれしい、陽気な

Quick Review
☐ feliz　☐ triste　☐ feo, -a　☐ fuerte
☐ gordo, -da　☐ guapo, -pa　☐ delgado, -da　☐ moreno, -na

CHECK-3

La novia de mi hermano es rubia.

兄のガールフレンドは金髪だ。

Cuando era joven, me gustaba viajar con mochila.

若いころはバックパック旅行をするのが好きだった。

Mi hermano mayor tiene treinta años.

私の兄は 30 歳だ。

¡Pobre de mí!

かわいそうな私！

¿Los niños ricos siempre tienen éxito en sus vidas?

お金持ちの子どもたちは、常に人生で成功するのだろうか？

¿Te has vuelto loco?

君は頭がおかしくなったのかい？

A rey muerto, rey puesto.

諺 死んだ王の後に、代わりの王が来た。（大切なものとされていたり、偉大な人とされているものでも、その代わりはすぐに見つかる。）

Estamos alegres con la noticia.

私たちはその知らせを聞いてうれしい。

Quick Review

- [ ] 幸福な
- [ ] 太った
- [ ] 悲しい
- [ ] ハンサムな
- [ ] 醜い
- [ ] 細い
- [ ] 強い
- [ ] （肌の色が）褐色の

CHECK-1 ► CHECK-2 45

□ 353
amable 親切な

□ 354
serio, -ria 真面目な

□ 355
simpático, -ca 感じがいい

□ 356
enfadado, -da 怒っている

□ 357
tranquilo, -la 静かな、落ち着いている

□ 358
inteligente 頭がいい、賢い

□ 359
cansado, -da 疲れている

□ 360
enfermo, -ma 病気の

Quick Review

□ rubio, -bia	□ joven	□ mayor	□ pobre
□ rico, -ca	□ loco, -ca	□ muerto, -ta	□ alegre

CHECK-3

A veces le da vergüenza ser amable con las chicas.

彼は女の子に親切にするのが恥ずかしいときがある。

Los japoneses tienen fama de ser serios.

日本人は真面目なことで知られています。

Ella es muy simpática.

彼女はとても感じがいい。

Raúl está muy enfadado.

ラウルはとても怒っている。

¡Tranquilo!

落ち着いて！

El delfín es hermoso e inteligente.

イルカは美しくて頭が良い。

Estoy cansado de esperar tanto tiempo.

長時間待つのに疲れた。

Mi abuela está enferma.

祖母は病気です。

Quick Review

- [ ] 金髪の
- [ ] 金持ちの
- [ ] 若い
- [ ] 気が狂った
- [ ] より大きな、年配の
- [ ] 死んだ
- [ ] 貧しい、かわいそうな
- [ ] うれしい、陽気な

CHECK-1 ▶ CHECK-2 ◀ 46 ▶

☐ 361
resfriado, -da　風邪をひいている

☐ 362
siguiente　次の

☐ 363
último, -ma　最後の、最新の

☐ 364
abierto, -ta　開いている

☐ 365
cerrado, -da　閉まっている

☐ 366
cómodo, -da　心地良い、楽な

☐ 367
famoso, -sa　有名な

☐ 368
libre　自由な、空いている

Quick Review

☐ amable　☐ serio, -ria　☐ simpático, -ca　☐ enfadado, -da
☐ tranquilo, -la　☐ inteligente　☐ cansado, -da　☐ enfermo, -ma

CHECK-3

A lo mejor estoy resfriado.

もしかすると僕は風邪かもしれない。

Aquella noche bebí demasiado y al día siguiente tuve resaca.

あの夜は飲み過ぎて、次の日は二日酔いだった。

¿Nos hacen más felices las últimas tecnologías?

最新テクノロジーで我々はより幸せになれるのか？

Este supermercado está abierto 24 horas.

このスーパーは 24 時間営業だ。

Las tiendas están cerradas los domingos.

店は日曜日は閉店している。

Por favor, póngase cómodo.

どうぞ楽になさってください。

Rafael Nadal es un tenista muy famoso en todo el mundo.

ラファエル・ナダルは世界でとても有名なテニスプレーヤーだ。

¿Este asiento está libre?

この席は空いていますか？

Quick Review

- ☐ 親切な
- ☐ 真面目な
- ☐ 感じがいい
- ☐ 怒っている
- ☐ 静かな、落ち着いている
- ☐ 頭がいい、賢い
- ☐ 疲れている
- ☐ 病気の

CHECK-1 ► CHECK-2 ◄ 47 ►

☐ 369
ocupado, -da　忙しい

☐ 370
limpio, -pia　清潔な

☐ 371
sucio, -cia　汚い

☐ 372
roto, -ta　壊れた、破れた

☐ 373
antiguo, -gua　古い

☐ 374
bonito, -ta　かわいい、きれいな

☐ 375
malo, -la　悪い

☐ 376
bueno, -na　良い

Quick Review

☐ resfriado, -da	☐ siguiente	☐ último, -ma	☐ abierto, -ta
☐ cerrado, -da	☐ cómodo, -da	☐ famoso, -sa	☐ libre

Check-3

La línea está ocupada.

（電話）回線は使用中だ（話し中だ）。

Perdona, el vaso no está limpio.

あのう、コップがきれいではありません。

Tengo las manos sucias.

私は手が汚れている。

El cristal está roto.

ガラスが割れている。

Este es el edificio de la antigua Biblioteca Nacional.

これは旧国立図書館の建物だ。

Todos los niños son bonitos.

子どもは皆かわいい。

Has tenido mala suerte.

君は運が悪かったね。

Reír es bueno para la salud.

笑いは健康に良い。

Quick Review

- [ ] 風邪をひいている
- [ ] 次の
- [ ] 最後の、最新の
- [ ] 開いている
- [ ] 閉まっている
- [ ] 心地良い、楽な
- [ ] 有名な
- [ ] 自由な、空いている

CHECK-1 ► CHECK-2 48

□ 377
caliente　熱い、温かい

□ 378
frío, -a　寒い、冷たい

□ 379
claro, -ra　明るい、明らかな

□ 380
cultural　文化的な、文化の

□ 381
diferente　違う、異なる

□ 382
dulce　甘い

□ 383
elegante　エレガントな

□ 384
especial　特別な

Quick Review
□ ocupado, -da　□ limpio, -pia　□ sucio, -cia　□ roto, -ta
□ antiguo, -gua　□ bonito, -ta　□ malo, -la　□ bueno, -na

CHECK-3

Manos calientes, corazón generoso.

手が温かい人は心が広い。

El café está frío.

コーヒーが冷めている。

Está claro que no hay peligro.

危険がないことは明らかである。

La comida mexicana es patrimonio cultural intangible de la UNESCO.

メキシコ料理はユネスコの無形文化遺産だ。

En España cada región tiene costumbres diferentes.

スペインでは各地方で習慣が異なる。

El chocolate negro no es muy dulce.

ブラックチョコレートはあまり甘くない。

El presidente se viste muy elegante.

社長はとてもエレガントな服装をする。

Hoy es un día especial.

今日は特別な日です。

Quick Review

□ 忙しい	□ 清潔な	□ 汚い	□ 壊れた、破れた
□ 古い	□ かわいい、きれいな	□ 悪い	□ 良い

CHECK-1 ▶ CHECK-2 49

☐ 385
pequeño, -ña　小さい

☐ 386
grande　大きい

☐ 387
interesante　興味深い

☐ 388
aburrido, -da　退屈な

☐ 389
mismo, -ma　同じ

☐ 390
natural　自然の、天然の

☐ 391
necesario, -ria　必要な

☐ 392
peligroso, -sa　危ない

Quick Review

☐ caliente　☐ frío, -a　☐ claro, -ra　☐ cultural
☐ diferente　☐ dulce　☐ elegante　☐ especial

CHECK-3

Hay un pequeño problema.

小さな問題がある。

Tokio es una ciudad grande.

東京は大都市です。

Es interesante aprender idiomas extranjeros.

外国語を学ぶのは面白い。

Los niños están aburridos.

子どもたちは退屈している。

Vivimos bajo el mismo techo.

私たちは同じ屋根の下で暮らしている。

Prefiero el zumo de fruta natural.

天然のフルーツジュースのほうがいい。

¿Son necesarias las centrales nucleares?

原発は必要ですか？

Conducir bajo los efectos del alcohol es peligroso.

飲酒運転は危険だ。

Quick Review

- ☐ 熱い、温かい
- ☐ 寒い、冷たい
- ☐ 明るい、明らかな
- ☐ 文化的な、文化の
- ☐ 違う、異なる
- ☐ 甘い
- ☐ エレガントな
- ☐ 特別な

CHECK-1 ► CHECK-2 50

□ 393 más	より多くの
□ 394 mejor	より良い
□ 395 menor	より小さい
□ 396 peor	いっそう悪い
□ 397 alto, -ta	高い
□ 398 bajo, -ja	低い
□ 399 barato, -ta	安い
□ 400 caro, -ra	（値段が）高い

Quick Review

□ pequeño, -ña □ grande □ interesante □ aburrido, -da
□ mismo, -ma □ natural □ necesario, -ria □ peligroso, -sa

Check-3

¿Quieres más café?

もう少しコーヒーはいかがですか？

Trabajamos para lograr un mejor resultado.

我々はより良い結果を得られるように働いています。

Mis hermanos menores se pelean mucho.

弟たちはよくけんかする。

La economía del país está peor.

国の経済は悪化している。

Los holandeses son altos.

オランダ人は背が高い。

En Europa hay muchas aerolíneas de bajo coste.

ヨーロッパには格安航空会社が多数ある。

Hay cosas baratas con buena calidad.

安くて良質の物がある。

¿Es caro tener una mascota?

ペットを飼うのは高くつきますか？

Quick Review

- ☐ 小さい
- ☐ 大きい
- ☐ 興味深い
- ☐ 退屈な
- ☐ 同じ
- ☐ 自然の、天然の
- ☐ 必要な
- ☐ 危ない

CHECK-1 ▶ CHECK-2 ◀ 51 ▶

□ 401
corto, -ta 短い

□ 402
demasiado, -da あまりに多くの

□ 403
difícil 難しい

□ 404
fácil 簡単な

□ 405
duro, -ra 硬い

□ 406
igual 同じ

□ 407
importante 重要な

□ 408
imposible 不可能な

Quick Review

□ más	□ mejor	□ menor	□ peor
□ alto, -ta	□ bajo, -ja	□ barato, -ta	□ caro, -ra

CHECK-3

Tenemos proyectos a corto y a largo plazo.

私たちは短期・長期のプロジェクトがある。

Son demasiados trabajos para una persona.

一人（でかかえる）には多過ぎる仕事だ。

Actuar es fácil, pensar es difícil; actuar según se piensa es aún más difícil. (Johann Wolfgang Goethe)
行動するのは簡単で、考えるのは難しく、考えたとおりに行動するのはさらに難しい。（ゲーテ）

Este libro es fácil de leer.

この本は読みやすい。

No puedo dormir bien con esta almohada tan dura.

私はこんなに硬い枕ではよく眠れない。

Tengo unas gafas iguales que esas.

私はそれと同じ眼鏡を持っている。

El amor es tan importante como la comida. Pero no alimenta. (Gabriel García Márquez)
愛は食事と同じくらい重要である。しかし養ってくれない。（ガルシア・マルケス）

No hay nada imposible en este mundo.

この世には不可能なことは何もない。

Quick Review

- ☐ より多くの
- ☐ 高い
- ☐ より良い
- ☐ 低い
- ☐ より小さい
- ☐ 安い
- ☐ いっそう悪い
- ☐ （値段が）高い

動詞 名詞 形容詞 副詞 前置詞など

CHECK-1 ► CHECK-2 ◄ 52 ►

☐ 409
posible　可能な

☐ 410
largo, -ga　長い

☐ 411
lento, -ta　ゆっくりとした

☐ 412
ligero, -ra　軽い

☐ 413
nuevo, -va　新しい

☐ 414
seguro, -ra　確信がある、安全な

☐ 415
solo, -la　唯一の

☐ 416
viejo, -ja　年老いた、古い

Quick Review

☐ corto, -ta　☐ demasiado, -da　☐ difícil　☐ fácil
☐ duro, -ra　☐ igual　☐ importante　☐ imposible

CHECK-3

Es posible que tengamos otro terremoto grande.

また大きな地震がある可能性がある。

La vida es larga y dura.

人生は長く厳しい。

El progreso es lento pero seguro.

ゆっくりだが確実に進歩している。

Vamos a comer algo ligero.

何か軽いものを食べよう。

El desarrollo es el nuevo nombre de la paz. (Juan Pablo II)

発展は平和の新たな名称である。（ヨハネ２世）

Madrid es una ciudad segura.

マドリッドは安全な町です。

Ella no dijo ni una sola palabra.

彼女は一言も話さなかった。

Estos zapatos son viejos.

この靴は古い。

Quick Review

- ☐ 短い
- ☐ 硬い
- ☐ あまりに多くの
- ☐ 同じ
- ☐ 難しい
- ☐ 重要な
- ☐ 簡単な
- ☐ 不可能な

家族

familia……家族
abuela……祖母
abuelo……祖父
madre……母
padre……父
esposa……妻
esposo……夫
marido……夫

---

hermana……姉、妹
hermano……兄、弟
hija……娘
hijo……息子
nieto, -ta……孫
tía……おば
tío……おじ
primo, -ma……いとこ

副詞

第8週

CHECK-1 ▶ CHECK-2 ◀ 53 ▶

□ 417	cerca	近くに
□ 418	lejos	遠くに
□ 419	ahora	今
□ 420	anoche	昨晩
□ 421	antes	以前に
□ 422	después	後で
□ 423	enseguida	すぐに
□ 424	entonces	その時

Quick Review

□ quizá	□ siempre	□ solamente	□ tan
□ apenas	□ últimamente	□ seguramente	□ además

☛【P. 130】

Check-3

¿Hay una estación de metro cerca de aquí?

この近くに地下鉄の駅がありますか？

El hotel está lejos del centro.

ホテルは町の中心から遠くにある。

¿Qué hora es ahora?

今、何時ですか？

Anoche tuve una pesadilla.

昨晩は悪い夢を見た。

No hay que vender la piel del oso antes de haberlo matado.

諺 殺す前に熊の皮を売ってはならない。（捕らぬ狸の皮算用。）

Después de la tempestad viene la calma.

諺 嵐の後に静寂が訪れる。（待てば海路の日和あり。）

Enseguida viene.

すぐに来ます。

¿Qué le dijiste entonces?

その時、君は彼に何と言ったの？

Quick Review

- □ たぶん
- □ ほとんど…ない
- □ いつも
- □ 最近
- □ ただ…だけ
- □ おそらく
- □ そんなに…
- □ その上

CHECK-1 ▶ CHECK-2 ◀ 54 ▶

□ 425
luego 後で

□ 426
fuera 外に

□ 427
adelante 前へ

□ 428
así このように

□ 429
bien 上手に

□ 430
casi ほとんど

□ 431
despacio ゆっくり

□ 432
mal 悪く

Quick Review

□ cerca	□ lejos	□ ahora	□ anoche
□ antes	□ después	□ enseguida	□ entonces

Check-3

Luego hablamos.

後で話しましょう。

La semana que viene voy a estar fuera de la ciudad.

来週、私は市外にいる。

¡Adelante!

どうぞお入りください！

Se dice así.

このように言う。

Hablas bien español.

スペイン語が上手ですね。

Eres casi perfecto.

君はほぼ完璧だ。

Trabajo deprisa para vivir despacio. (Montserrat Caballé)

ゆっくり生きるために急いで仕事をする。（モンセラット・カバリェ）

Ella habla mal de su ex novio.

彼女は元カレの悪口を言います。

hablar mal de ... = …の悪口を言う

Quick Review

- □ 近くに
- □ 以前に
- □ 遠くに
- □ 後で
- □ 今
- □ すぐに
- □ 昨晩
- □ その時

CHECK-1 ► CHECK-2 55

☐ 433 tambièn	…もまた
☐ 434 tampoco	…もまた…ない
☐ 435 todavía	まだ
☐ 436 ya	すでに
☐ 437 generalmente	一般的に
☐ 438 menos	より少なく
☐ 439 muy	非常に
☐ 440 nunca	決して…ない

Quick Review

☐ luego ☐ fuera ☐ adelante ☐ así
☐ bien ☐ casi ☐ despacio ☐ mal

CHECK-3

Yo también quiero ir.

私も行きたい。

Yo tampoco sé nada.

私も何も知らない。

Todavía tenemos tiempo.

まだ時間がある。

Ya he reservado el billete de avión.

私はもう飛行機の切符を予約した。

En los hoteles generalmente hay personas que hablan inglés.

一般的に、ホテルには英語を話せる人がいます。

Me duele menos que ayer.

昨日よりも痛みがました。

Carmen es muy amable.

カルメンはとても親切だ。

Más vale tarde que nunca.

諺 遅くてもしないよりはまし。

Quick Review

- □ 後で
- □ 上手に
- □ 外に
- □ ほとんど
- □ 前へ
- □ ゆっくり
- □ このように
- □ 悪く

Check-1 ▶ Check-2 ◀ 56 ▶

□ 441
quizá　たぶん

□ 442
siempre　いつも

□ 443
solamente　ただ…だけ

□ 444
tan　そんなに…

□ 445
apenas　ほとんど…ない

□ 446
últimamente　最近

□ 447
seguramente　おそらく

□ 448
además　その上

Quick Review
□ también　□ tampoco　□ todavía　□ ya
□ generalmente　□ menos　□ muy　□ nunca

CHECK-3

Quizá venga tarde.

遅れてくるかもしれない。

Siempre me acuerdo de ti.

いつも君のことを思い出しているよ。

Solamente tú me entiendes.

分かってくれるのは君だけだ。

¡No sabía que era tan caro!

そんなに高いとは知らなかった。

Apenas veo a mis padres.

私は両親にほとんど会わない。

Últimamente no he visto a Carlos.

私は最近カルロスに会っていない。

Seguramente no te acuerdas de mí.

おそらく君は私のことを覚えていないでしょう。

Este coche me gusta y además es barato.

私はこの車が気に入りましたし、その上安いです。

Quick Review

- □ …もまた
- □ …もまた…ない
- □ まだ
- □ すでに
- □ 一般的に
- □ より少なく
- □ 非常に
- □ 決して…ない

付録－4 色・動物・衣類

72

rojo	赤
negro	黒
azul	青
verde	緑
amarillo	黄色
rosa	ピンク
violeta	紫
marrón	茶色
blanco	白
gris	灰色
dorado	金色
naranja	オレンジ色

73

caballo	ウマ
gato	ネコ
pájaro	トリ
cerdo	ブタ
perro	イヌ
pez	サカナ
conejo	ウサギ
vaca	ウシ
oveja	ヒツジ
cabra	ヤギ
oso	クマ

74

ropa	衣服
camisa	ワイシャツ
sombrero	帽子
traje	スーツ
abrigo	オーバー
zapato	靴
falda	スカート
pantalón	ズボン
vestido	ドレス

その他

第9週

- □ 1日目 57
- □ 2日目 58
- □ 3日目 59
- □ 4日目 60
- □ 5日目 61
- □ 6日目 62

CHECK-1 ► CHECK-2 ◄ 57 ►

☐ 449
contra …に反して

☐ 450
desde …から

☐ 451
en …で、…に

☐ 452
entre …の間に

☐ 453
hasta …まで

☐ 454
según …によれば

☐ 455
sobre …の上に、…について

☐ 456
con …と一緒に

Quick Review 【P. 144】

☐ nada ☐ ninguno, -na ☐ algo ☐ alguno, -na
☐ alguien ☐ nadie ☐ todo, -da ☐ otro, -tra

CHECK-3

Lo hizo contra su voluntad.

彼は意思に反してそれをした。

Te escribo desde Buenos Aires.

ブエノスアイレスから君に手紙を書くよ。

Estamos en un bar en la plaza.

私たちは広場のバルにいます。

Quedamos entre las siete y las ocho.

7時から8時の間に待ち合わせしよう。

Trabajo hasta las seis.

私は6時まで働く。

Lloverá según el pronóstico.

（天気）予報によると雨が降るようだ。

La llave está sobre la mesa.

鍵はテーブルの上にある。

Voy con mi padre.

私は父と一緒に行く。

Quick Review

- □ 何も
- □ ひとつも
- □ 何か
- □ いくつか（の）
- □ 誰か
- □ 誰も
- □ 全ての
- □ ほかの

CHECK-1 ► CHECK-2 ◄ 58 ►

□ 457
de …の

□ 458
durante …の間

□ 459
hacia …の方へ

□ 460
por …のために

□ 461
sin …のない

□ 462
para …のために

□ 463
a …に

□ 464
tras …の後に

Quick Review

□ contra	□ desde	□ en	□ entre
□ hasta	□ según	□ sobre	□ con

CHECK-3

Este libro es de Miguel.

この本はミゲルのです。

Durante las vacaciones, me acostaba tarde.

休暇中は夜更かししていた。

Nos dirigimos hacia el Norte.

我々は北の方に向かっている。

¡Brindemos por vuestra felicidad!

君たちの幸せを祝して乾杯！

No hay rosa sin espinas.

諺 とげのないバラはない。

Este es un regalo para ti.

これは君へのプレゼントだよ。

Vamos a San Sebastián.

我々はサン・セバスティアンに行く。

Salió corriendo tras el ladrón.

（彼は）泥棒の後を追って、走っていった。

Quick Review

- □ …に反して
- □ …から
- □ …で、…に
- □ …の間に
- □ …まで
- □ …によれば
- □ …の上に、…について
- □ …と一緒に

Check-1 ▶ Check-2 ◀ 59 ▶

□ 465
cómo どのように
疑問副詞

□ 466
cuándo いつ
疑問副詞

□ 467
dónde どこ
疑問副詞

□ 468
por qué なぜ、どうして
前置詞＋疑問代名詞

□ 469
quién 誰
疑問代名詞

□ 470
qué 何
疑問代名詞

□ 471
cuál どれ、どちら
疑問代名詞

□ 472
cuánto どのくらい、いくら
疑問副詞

Quick Review

□ de	□ durante	□ hacia	□ por
□ sin	□ para	□ a	□ tras

CHECK-3

¿Cómo se dice *arigato*?

「ありがとう」は何と言いますか？

¿Cuándo es tu cumpleaños?

君の誕生日はいつ？

¿Dónde está la estación?

駅はどこですか？

¿Por qué no te callas?

どうして君は黙らないの？

¿Quién va a ir mañana?

誰が明日行きますか？

¿Qué dice tu jefe?

君の上司は何と言っているの？

¿Cuál te gusta más?

君はどちらのほうが好き？

¿Cuánto es?

いくらですか？

Quick Review

- □ …の
- □ …のない
- □ …の間
- □ …のために
- □ …の方へ
- □ …に
- □ …のために
- □ …の後に

CHECK-1 ► CHECK-2 ◄ 60 ►

☐ 473
de quién 誰の
前置詞＋疑問代名詞

☐ 474
para qué 何のために
前置詞＋疑問代名詞

☐ 475
quiénes 誰（複数形）
疑問代名詞

☐ 476
cuáles どれ（複数形）
疑問代名詞

☐ 477
cuántos, -tas いくつ、いくら（複数形）
疑問形容詞

☐ 478
de dónde どこから
前置詞＋疑問副詞

☐ 479
a dónde どこに
前置詞＋疑問副詞

☐ 480
qué hora 何時
疑問代名詞＋名詞

Quick Review

☐ cómo ☐ cuándo ☐ dónde ☐ por qué
☐ quién ☐ qué ☐ cuál ☐ cuánto

Check-3

¿De quién es el bolso?

バッグは誰のですか？

¿Para qué sirve esto?

これは何のためのものですか？

¿Quiénes son ellos?

彼らは誰ですか？

¿Cuáles son tus libros?

どれが君の本（複数）ですか？

¿Cuántos años tiene su hija?

お嬢さんは何歳ですか？

¿De dónde eres?

君はどこの出身？

¿A dónde vas?

どこに行くの？

¿Qué hora es?

何時ですか？

Quick Review

- [ ] どのように
- [ ] いつ
- [ ] どこ
- [ ] なぜ、どうして
- [ ] 誰
- [ ] 何
- [ ] どれ、どちら
- [ ] どのくらい、いくら

Check-1 ► Check-2 61

No.	Español	日本語
□ 481	mientras	…している間に
□ 482	aunque	けれども
□ 483	ni	…も…もない
□ 484	pero	しかし
□ 485	porque	なぜならば
□ 486	si	もし…なら
□ 487	y	…と、そして
□ 488	o	または

Quick Review

□ de quién　□ para qué　□ quiénes　□ cuáles
□ cuántos, -tas　□ de dónde　□ a dónde　□ qué hora

CHECK-3

Mientras esperaba, leía el periódico.

待っている間、新聞を読んでいた。

Aunque no quiera, tiene que hacerlo.

やりたくなくても、やらなければならない。

No tengo ni la menor idea.

全く見当もつかない。

Dios aprieta, pero no ahoga.

諺 神は締め付けるが、窒息させることはない。
（苦しくても望みはある。）

No lo compro porque es muy caro.

とても高いので買いません。

Si quieres, vamos al cine el domingo.

もしよかったら、日曜日に映画に行こう。

¿Y tú?

で、君は？

¿Quieres café o té?

コーヒー、それとも紅茶がいいですか？

Quick Review

- □ 誰の
- □ 何のために
- □ 誰（複数形）
- □ どれ（複数形）
- □ いくつ、いくら（複数形）
- □ どこから
- □ どこに
- □ 何時

CHECK-1 ▶ CHECK-2 ◀ 62 ▶

No.	Spanish	日本語
□ 489	nada	何も
□ 490	ninguno, -na	ひとつも
□ 491	algo	何か
□ 492	alguno, -na	いくつか（の）
□ 493	alguien	誰か
□ 494	nadie	誰も
□ 495	todo, -da	全ての
□ 496	otro, -tra	ほかの

Quick Review

□ mientras　□ aunque　□ ni　□ pero
□ porque　□ si　□ y　□ o

Check-3

No hay nada en la nevera.

冷蔵庫には何もない。

Ninguna tienda está abierta.

お店は一つも開いていない。

¿Hay algo debajo del coche?

車の下に何かありますか？

He estado en León algunas veces.

私はレオンに何度か行ったことがある。

¿Hay alguien?

誰かいますか？

Nadie sabe nada.

誰も何も知らない。

Todos los días hago ejercicio.

私は毎日運動をする。

¿Quieres otra copa?

もう一杯いかがですか？

Quick Review

- □ …している間に
- □ なぜならば
- □ けれども
- □ もし…なら
- □ …も…もない
- □ …と、そして
- □ しかし
- □ または

スペイン語のミニ文法

スペイン語は日本語話者にとって耳になじみやすい言語です。耳から聞いて覚えることを目的としている本書では、細かな文法には触れませんが、本書の例文を理解する助けとなるように、最小限の説明に絞って記します。

1 発音と表記

1.1 母音

スペイン語の母音は日本語とほぼ同じ5つです。開母音（/a/, /e/, /o/）と閉母音（/i/, /u/）が連続して現れる場合、そして、閉母音が連続して現れる場合、2重母音を構成します。2重母音は1つの音節として扱われます。これは、1.3で説明する単語のアクセントの位置を判断するために知っておくと便利です。

1.2 子音

英語や日本語のローマ字読みの慣習と異なり注意が必要となる子音を取り上げておきましょう。

- j, g：喉の奥から息を吐く際に出る音です。

ja［ハ］	ji［ヒ］	ju［フ］	je［ヘ］	jo［ホ］
	gi［ヒ］		ge［ヘ］	

- 日本語のガ行、カ行の音は次のように表記します。

ga［ガ］	gui［ギ］	gu［グ］	gue［ゲ］	go［ゴ］
ca［カ］	qui［キ］	cu［ク］	que［ケ］	co［コ］

- ü は次のように発音します。

güi［グイ］	güe［グエ］

k はスペイン語では、外来語以外には用いられず［例：kilo（キロ）］、カ行の表記には c が用いられます［Corea（韓国）］。

h は無音で、発音しません。

r と l は、日本人が苦手とする音ですが、r は、舌端で歯茎を軽く弾き発音します。語頭に来た場合は舌先を複数回振動させます。語中で rr というように連続してつづられた場合も同様に舌先を複数回振動させます。

lは舌先を上歯茎の後ろにつけて発音します。

llは、日本語の「リャ行」または「ジャ行」に似た音です。たとえば、スペイン料理のパエリアはpaellaとつづり、パエリャまたはパエジャのように発音します。

1.3 アクセント

スペイン語のアクセントには、以下のような基本的な規則があります。

1）母音または -n, -s で終わる単語は後ろから2番目の音節を強く発音します。

【例】 casa 家 España スペイン

2）-n, -s 以外の子音で終わる単語は、一番後ろの音節を強く発音します。

【例】 papel 紙 arroz 米

3）アクセント符号がついている場合は、その母音を強く発音します。

【例】 Japón 日本 intérprete 通訳

このルールに従って、アクセントのある音節を強く発音します。1.1で見た2重母音は1つの音節として数えます。

【例】 cuento 物語 estación 駅

1.4 符号

スペイン語の疑問文や感嘆文では、文章の最初と最後に疑問符や感嘆符をつけます。最初の符号は、逆さまにしてつけますので、なんだかお茶目な感じがしますね。

スペイン語の語順は基本的には、自由度が高く、主語と動詞の位置はどちらが先に来るかは自由です。平叙文を疑問文にするときも、文末のイントネーションを少し上げれば、語順を変えなくても、疑問文になります。

【例】

Ellos viven aquí.　彼らはここに住んでいる。（主語＋動詞＋副詞）

Viven ellos aquí.　彼らはここに住んでいる。（動詞＋主語＋副詞）

¿Viven ellos aquí?　彼らはここに住んでいますか？（動詞＋主語＋副詞）

2 動詞

スペイン語の動詞には、辞書に載っている不定詞と呼ばれる原形と、人称と数（1～3人称単数・複数形）や時制などの文法的機能を表すために変化する活用形があります。

動詞は -ar 動詞、-er 動詞、-ir 動詞の3種類に分類されます。それぞれ、語尾の -ar, -er, -ir の部分が人称に応じて6通りに変化し、活用します。動詞の活用は付録の「動詞の活用表（規則活用、不規則活用）」（40～46ページ）を参照してください。

2.1 再帰動詞

動詞の中には不定詞の最後にカッコに入った se が記載されているものがあります。例えば、動詞の活用表⑥の levantar(se) を見てください。

levantar は「起こす」という意味で、他動詞です。この levantar に再帰代名詞の se をつけ、levantarse になると、「自分自身を起こす」、つまり、「起きる」という意味の自動詞になります。この再帰代名詞の se は人称に合わせて、me, te, se, nos, os, se のように活用し、「私が起きる」なら me levanto、「君が起きる」なら te levantas というように、動詞の語尾と再帰代名詞の両方が活用します。

3 名詞

3.1 名詞の性

スペイン語の名詞は文法上の性（男性・女性）があり、基本的には、-o で終わるのが男性名詞、-a で終わるのが女性名詞です。

3.2 名詞の数

そして、単数・複数の区別があります。母音で終わっている名詞の単数形に -s を、子音で終わっている名詞の単数形に -es をつけると、複数形になります。メガネ（las gafas）のように通常、複数形で用いられるものもあれば、傘（el paraguas / los paraguas）のように単複同形のものもあります。また、水（agua）などの不可算名詞は、普通は、複数形は使われません。

名詞の性・数に合わせて、冠詞、形容詞、指示詞、所有詞は性・数変化します。

4 冠詞

スペイン語には2種類の冠詞があり、定冠詞、不定冠詞と呼ばれています。それぞれ、名詞の性・数に合わせて変化します。

	単数			複数	
	男	女	中性	男	女
不定冠詞	un	una		unos	unas
定冠詞	el	la	lo	los	las

アクセントのあるa（またはha）で始まる女性名詞単数形の直前につける定冠詞は男性形のelを用い（例 el agua）、不定冠詞もunが用いられることがあります（例 un alma）。

前置詞のdeやaの直後に定冠詞の単数男性形elが来る場合、それぞれdel、alとなります（例　del libro, al cine）。

5 人称代名詞

話し手を指し示すのが1人称、聞き手を指し示すのは2人称、その他は3人称で表されます。注意が必要なのは、コミュニケーション上の聞き手を指し示す代名詞が2種類あり、親疎や権力関係に応じて使い分けられる点です。親しい間柄なら2人称のtú（君は）やvosotros（君たちは）を用います。聞き手との間に距離感を示したいときは3人称のusted（あなたは）やustedes（あなたがたは）が用いられます。複数の聞き手に言及する場合、中南米では一般的に2人称の複数形のvosotrosは用いられず、3人称の複数形のustedesが用いられます。アルゼンチンやパラグアイ、ボリビアなどでは、túの代わりに親しい間柄を示す2人称単数形のvosが用いられる地域もあります。

1人称と2人称の複数形は男性形と女性形があります。以上をまとめたのが次ページの表です。

数	単数					複数				
人称	1	2	3			1	2	3		
主語	yo	tú	usted*	él	ella	nosotros, -tras	vosotros, -tras	ustedes	ellos	ellas
	私は	君は	あなたは	彼は	彼女は	私たちは	君たちは	あなた方は	彼らは	彼女らは

* usted は Ud. と略して表記される

6 形容詞

形容詞は名詞を修飾し、名詞と性数一致します。通常は名詞の後ろに置きますが、前に置くと意味が変わるものがあります。たとえば nuevo（新しい）を用いた例を見てみましょう。

un coche nuevo　1台の新しい車　　unos coches nuevos　数台の新しい車
una casa nueva　1軒の新しい家　　unas casas nuevas　いくつかの新しい家
la nueva casa　今度の家　　la casa nueva　新しい家

7 副詞

副詞は、動詞、形容詞、他の副詞を修飾し、性・数の変化はありません。形の上からは -mente のついている副詞（tranquilamente など）と、-mente のついていない副詞（bien など）に分かれます。

形容詞の女性単数形に接尾辞 -mente をつけると副詞になります。

【例】　tranquilo（落ち着いた）→　tranquilamente（落ち着いて）

男女同形の形容詞は単数形に -mente をつけます。

【例】　fácil（簡単な）　→　fácilmente（簡単に）

-mente で終わる副詞は、2カ所にアクセントがあります。元の形容詞の強勢と -mente の強勢を維持します。たとえば fácilmente のように下線で示した2カ所にアクセントを置いて発音します。

方向

75

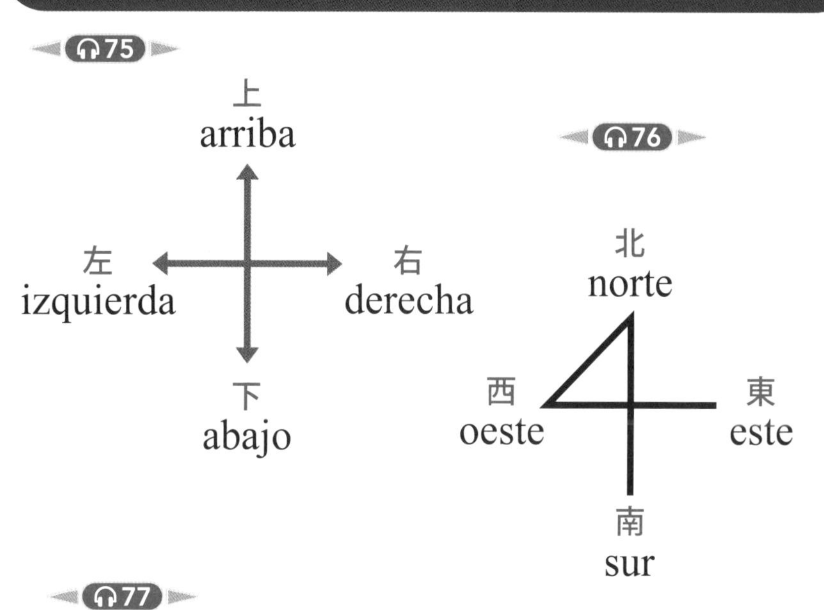

77

encima de 上に
debajo de 下に
delante de 前に、前で
detrás de 後ろに
dentro de 中に
enfrente de 正面に

カレンダー

🎧78

enero	1月
febrero	2月
marzo	3月
abril	4月
mayo	5月
junio	6月
julio	7月
agosto	8月
septiembre	9月
octubre	10月
noviembre	11月
diciembre	12月

🎧79

lunes	月曜日
martes	火曜日
miércoles	水曜日
jueves	木曜日
viernes	金曜日
sábado	土曜日
domingo	日曜日

🎧80

primavera	春
verano	夏
otoño	秋
invierno	冬

数・序数

81 ＊音声に日本語訳はありません

uno	1
dos	2
tres	3
cuatro	4
cinco	5
seis	6
siete	7
ocho	8
nueve	9
diez	10
once	11
doce	12
trece	13
catorce	14
quince	15
dieciséis	16
diecisiete	17
dieciocho	18
diecinueve	19
veinte	20
veintiuno	21
veintidós	22
veintitrés	23
veinticuatro	24
veinticinco	25
veintiséis	26
veintisiete	27
veintiocho	28
veintinueve	29
treinta	30
cuarenta	40
cincuenta	50
sesenta	60
setenta	70
ochenta	80
noventa	90
cien	100
doscientos	200
trescientos	300
cuatrocientos	400
quinientos	500
seiscientos	600
setecientos	700
ochocientos	800
novecientos	900
mil	1.000
un millón	1.000.000

＊スペインでは3ケタごとの位取りに(.)を、小数点にカンマ(,)を用いる

82 ＊音声に日本語訳はありません

primero	1番目の
segundo	2番目の
tercero	3番目の
cuarto	4番目の
quinto	5番目の
sexto	6番目の
séptimo	7番目の
octavo	8番目の
noveno	9番目の
décimo	10番目の

あいさつ

¡Hola!	やあ！
Buenos días.	おはようございます。
Buenas tardes.	こんにちは。
Buenas noches.	こんばんは。
¿Qué tal?	調子はどう？
Adiós.	さようなら。
Hasta luego.	また後で。
Hasta mañana.	また明日。
Gracias.	ありがとう。
De nada.	どういたしまして。

付録－9 国名・言語

84

Japón	日本
España	スペイン
México	メキシコ
Guatemala	グアテマラ
Panamá	パナマ
El Salvador	エルサルバドル
Nicaragua	ニカラグア
Honduras	ホンジュラス
Costa Rica	コスタリカ
República Dominicana	ドミニカ共和国
Cuba	キューバ
Venezuela	ベネズエラ
Colombia	コロンビア
Ecuador	エクアドル
Perú	ペルー
Bolivia	ボリビア
Paraguay	パラグアイ
Uruguay	ウルグアイ
Chile	チリ
Argentina	アルゼンチン
Brasil	ブラジル
Estados Unidos (EE.UU.)	アメリカ合衆国
Francia	フランス
Alemania	ドイツ
Italia	イタリア
Inglaterra	イギリス
Portugal	ポルトガル
Grecia	ギリシャ
China	中国
Corea	韓国

85

japonés	日本語
español	スペイン語
portugués	ポルトガル語
inglés	英語
francés	フランス語
alemán	ドイツ語
griego	ギリシャ語
chino	中国語
coreano	朝鮮・韓国語

料理

pulpo a la gallega

tapas……タパス

pinchos……ピンチョス

jamón serrano……セラーノ・ハム（生ハム）

jamón ibérico……イベリコ・ハム

paella

tortilla……オムレツ

pulpo a la gallega……タコのガリシア風

paella……パエリヤ

bocadillo……バゲットサンドイッチ

ensaladilla rusa……ポテトサラダ

arroz con leche

gambas al ajillo……エビのニンニク炒め

cocido madrileño……マドリッド風煮込み

calamares en su tinta……イカの墨煮

arroz con leche……アロス・コン・レチェ（ライスプディング）

crema catalana

crema catalana……クレマ・カタラナ

sopa……スープ

付録－11 ……食事・食材・飲み物……

87

■食事・食材

desayuno　朝食
comida　昼食、食事
cena　夕食
almuerzo　昼食
merienda　（午後の）おやつ、間食

arroz　米
pan　パン
verdura　野菜
fruta　果物
carne　肉
pescado　魚
marisco　シーフード
huevo　卵
azúcar　砂糖
sal　塩
pimienta　胡椒

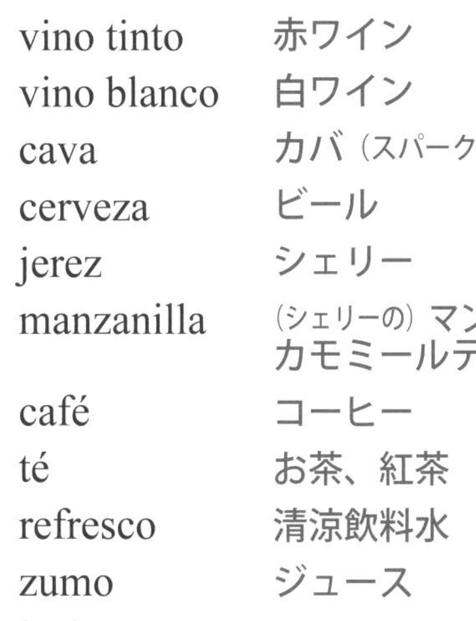

■飲み物　88

bebida　飲み物
vino tinto　赤ワイン
vino blanco　白ワイン
cava　カバ（スパークリングワイン）
cerveza　ビール
jerez　シェリー
manzanilla　（シェリーの）マンサニージャ、カモミールティー
café　コーヒー
té　お茶、紅茶
refresco　清涼飲料水
zumo　ジュース
leche　ミルク

見出し語索引

見出し語に登場する語彙を索引としてまとめました。付録は収録されていません。

改訂版 キクタンスペイン語【入門編】基本500語レベル

発行日：2011年12月29日（初版）
2024年 4 月19日（改訂版）

著者：吉田理加（愛知県立大学外国語学部准教授）
編集：株式会社アルク　出版編集部
編集協力：イグナシオ・カプデポン、ハビエル・デ・エステバン
校正：神長倉未稀、Helena Vila Mirasol、Miquel Soler Leida（リングアクラブ）

アートディレクション：細山田光宣
カバーデザイン：柏倉美地（細山田デザイン事務所）
本文デザイン・本文イラスト：奥山和典（酒冨デザイン）
帯イラスト：白井匠（白井図画室）
写真：イグナシオ・カプデポン
ナレーション：ゴンザレス・サンチェス・マリア、北村浩子
スペイン語録音協力：ガブリエル・ベギリスタイン
音楽制作：Niwaty
音声編集：安西一明、GUSHI
録音：トライアンフ株式会社
DTP・奥付デザイン：株式会社創樹
印刷・製本：シナノ印刷株式会社

発行者：天野智之
発行所：株式会社アルク
〒102-0073　東京都千代田区九段北4-2-6　市ヶ谷ビル
Website：https://www.alc.co.jp/

落丁本、乱丁本は弊社にてお取替えいたしております。
Webお問い合わせフォームにてご連絡ください。
https://www.alc.co.jp/inquiry/

定価はカバーに表示してあります。
製品サポート：https://www.alc.co.jp/usersupport/

PC：7024063　ISBN：978-4-7574-4204-7

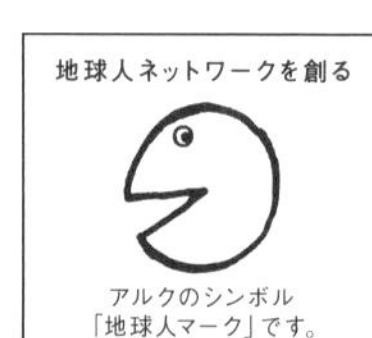

本書は『キクタンスペイン語【入門編】』（初版：2011年12月29日）をもとに、
時代に合わせた例文の見直しなどを行い、音声をダウンロード提供とした改訂版となります。